Conoce todo sobre posicionamiento web para todos

2ª edición actualizada

Conoce todo sobre posicionamiento web para todos

2ª edición actualizada

Rodrigo Tovar Monge

Ra-Ma®

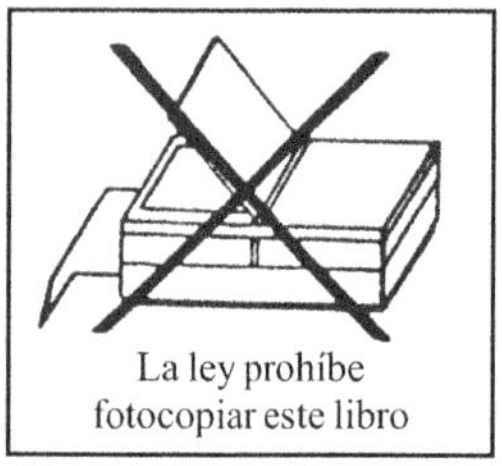

Editado por:
RA-MA Editorial
Madrid, España

Colección American Book Group - Negocios y Empresa - Volumen 1.
ISBN No. 978-168-165-696-0
Biblioteca del Congreso de los Estados Unidos de América: Número de control 2019934909
www.americanbookgroup.com/publishing.php

Maquetación: Antonio García Tomé
Diseño de portada: Diego Tovar Monge
Arte: Upklyak / Freepik

A MariPaz, por apoyarme siempre y compartir su vida junto a mí.

A mi madre, por corregir y halagar el trabajo y, en general, por absolutamente todo lo que hace, sin excepción.

A mi hermano, por demostrar que juntos hacemos un equipo imbatible.

A mi padre y el resto de mi familia, por transmitirme todo su cariño y amor.

Al grupo 5, por querer tener este manual mucho antes de que empezara a escribirse.

A todos mis amigos, porque sin ellos ninguno de mis proyectos saldría adelante.

Al resto de personas que me han apoyado y que han ayudado –y ayudan– a que este manual llegue a buen puerto.

Y algún agradecimiento más de propina: Freepik, al usuario Pio_pio.

ÍNDICE

PRÓLOGO

Lo que empezó siendo un conjunto de apuntes destinado a recopilar parte de la información que a mí mismo me interesaba recordar ha terminado en el manual que tienes entre manos. Y todo ello gracias a conocidos y amigos con peso en el ámbito empresarial que me pedían enviarles todo lo que fuera redactando, lo que ha hecho que se fuera estructurando para facilitarles su consulta.

De esa necesidad y, sobre todo, impulsado por la falta de información de la que disponen los empresarios y trabajadores que tienen que lidiar con negociaciones relacionadas con el apartado digital de su empresa, nace este manual. El contenido del mismo, aunque expuesto con un lenguaje simplificado en algunos puntos, es lo suficientemente avanzado como para lograr varios objetivos cruciales:

– Dotar al lector de una base sólida con la que llevar su propio posicionamiento web en caso de pequeñas empresas y de la información suficiente como para negociar con proveedores en caso de aquellas que son un poco más grandes.

– Facilitar un manual al que acudir periódicamente cuando surjan dudas con un índice fácil de seguir y con un glosario de términos que, con palabras accesibles, recogen y explican los conceptos clave del SEO.

Te animo a que leas el libro, lo subrayes, le pongas marcas de consulta y lo tengas en un lugar accesible. De esta manera lograrás abarcar un campo dejado de lado por mucha de tu competencia, lo que te permitirá alcanzar una ventaja competitiva debido a su importancia.

Y es que una cosa está clara: la mayor parte de los clientes ya provienen de canales digitales, y no avanzar en esta disciplina es un error que solo van a cometer las empresas y trabajadores con una visión cortoplacista. Desmárcate de ellos y adéntrate en una disciplina apasionante que será capaz de ampliar tu capacidad de venta alcanzando con mayor precisión a todos tus clientes potenciales.

Enhorabuena por dar este paso, y ánimo en el viaje que vas a emprender.

INTRODUCCIÓN

¿QUÉ ES EL SEO Y POR QUÉ ESTOY LEYENDO ESTO?

¿Te has encontrado alguna vez perdido en el desierto y alguien, en el momento en el que más lo necesitabas, te ha ofrecido un vaso de agua? Lo más probable es que no, pero apuesto lo que quieras a que habrías pagado cualquier cantidad de dinero por ello.

El posicionamiento web no es más –ni menos– que estar en el lugar adecuado en el momento en el que te necesitan. Por lo menos desde el punto de vista del mundo virtual, del mundo del que cada vez debemos estar más pendientes. Y es que más del 50% de las personas visitan la página web de un comercio antes de visitarlo, dato que se dispara cuanto más joven es la persona consultada [1].

¿Significa eso que la tienda física debe desaparecer, que estamos abocados a un mundo donde lo virtual destierre por completo las relaciones humanas? Nada más lejos de la realidad. Pero, eso sí, debemos tener una presencia lo suficientemente adecuada como para lograr una serie de objetivos:

1. Que si visitan nuestra "carta de presentación virtual" nuestros clientes potenciales se lleven una sensación agradable, además de información útil sobre nuestra empresa, local y productos o servicios que ofrezcamos.
2. Que, en caso de necesidad, puedan encontrarnos –en detrimento, por supuesto, de la competencia.

1 Estadística nombrada por Francisco Vázquez, Presidente de 3g office y organizador de las Retail Design Conference.

El posicionamiento SEO había quedado relegado a profesionales que, haciendo uso de una transparencia dudosa, habían permitido que sus clientes pagaran religiosamente sin siquiera preguntarse por qué o para qué.

"El SEO no es cosa exclusivamente de profesionales. Seguir las reglas básicas es sencillo y te alzará por encima de la competencia."

Este manual tiene como objetivo principal acercar un mundo hasta ahora inalcanzable a cada tipo de comercio. Se han escrito millones de artículos al respecto –curiosamente no todos bien posicionados en los buscadores– sobre cómo lograr un posicionamiento adecuado para tal o cual situación, pero no con un lenguaje claro y sencillo. Pues hasta aquí hemos llegado. Las páginas que tienes por delante contienen los conocimientos básicos no solo para no cometer los fallos más garrafales que existen en el mundo del SEO, sino también para situarte y negociar con una posición aventajada y digna ante cualquier persona que te pretenda vender este servicio.

Y eso es lo más importante. Porque la información parece existir, en estos ámbitos, solo para algunos privilegiados.

Antes de comenzar con el resto de puntos debo destacar un hecho que se está dando en este ámbito a nivel mundial. Todos los buscadores en general, y Google[2] en particular, se encuentran implementando una serie de medidas –automáticas y manuales– de penalización hacia ciertas prácticas que pretenden mejorar el SEO de una página de forma no orgánica o natural. Esto está provocando:

- SEO de mala calidad con consecuencias negativas. Muchas empresas que contratan a otras para mejorar el SEO están viendo cómo su posicionamiento empeora pese a tener un servicio de este tipo contratado. Para llevar a cabo de forma correcta una acción que mejore el SEO la persona encargada debe ser proactiva y dinámica y, por supuesto, encontrarse en constante formación. En caso contrario aplicará estrategias desfasadas que pueden resultar perjudiciales, algo que, en este campo, puede significar la necesidad de una inversión posterior mucho más elevada para recuperarlo. En el peor de los casos podemos llegar a ser tachados como "tramposos" por Google –páginas que intentan mejorar su posicionamiento de manera artificial–.

---

2 Por razones de simplicidad, en el presente manual se utiliza indistintamente Google para referirnos tanto a esta empresa como al grupo corporativo completo –Alphabet Inc.–.

- Penalizaciones por desconocimiento. El ajuste de los algoritmos que evitan que los propietarios de páginas web hagan trampas hace que estos estén cada vez más ajustados, lo que conlleva que muchas empresas cometan acciones penalizables sin siquiera saberlo. Es necesario, y ese es uno de los objetivos del presente manual, tener un conocimiento básico del SEO y grandes dosis de sentido común para, por lo menos, no ser nuestro propio enemigo frente a los buscadores.

¿Y QUÉ PASA CON LAS PEQUEÑAS EMPRESAS?

El manual "Posicionamiento web para todos" que tienes entre manos está especialmente dirigido a los gestores y propietarios de pequeñas empresas que tienen que tomar decisiones y entrar en negociaciones de temas en los que no están especializados.

> *"Las pequeñas empresas se encuentran en un sector altamente influenciado por el posicionamiento web. Encontrar a la empresa rodeada de opiniones positivas es crucial para el negocio."*

Hay que tener en cuenta que un buen posicionamiento en este tipo de negocios puede ser clave para que un cliente lo elija frente a otras opciones de la competencia. Por ejemplo, si estamos paseando por la playa de una ciudad desconocida por nosotros, donde suele haber una gran cantidad de locales para comer, ¿qué restaurante elegimos? Lo más probable es que busquemos en el móvil cuál es el que más nos convence por su carta, presentación y servicios –para lo que tendremos que llegar a su web, probablemente a través de Google–, o por los comentarios que existan en páginas en las que se desarrollen comunidades de usuarios –redes sociales–.

¿DEBO DEJAR EL SEO DE MI EMPRESA EN MANOS DE UN PROFESIONAL?

El SEO es algo que no solo tiene que ver con los profesionales del sector. Tal y como pasa con la calidad –faceta de la empresa en la que, si estamos bien encauzados, debemos intentar seguir en nuestra empresa el principio de Gestión de la Calidad Total[3]–, se trata de una concepción cultural de la propia compañía. Es

3 Abreviada en inglés como TQM –Total Quality Management– es una estrategia de gestión promovida por el experto de gestión de calidad W. Edwards Deming. Tiene como principio lograr "Cero defectos", algo que, por ser inalcanzable por definición, requiere de una mejora continua durante toda la vida de la empresa.

conveniente ser conscientes de que cada una de las personas en contacto con la misma deben estar involucradas en su desarrollo por el mero hecho de que todas tienen algo que aportar. Además, el uso de las redes sociales, que influyen en nuestro posicionamiento de manera notable, es continuo tanto en horas de trabajo como fuera de ellas, y un trabajador puede ser decisivo en la tendencia de los comentarios existentes. De ahí que el grado de felicidad de nuestros trabajadores sea una de las cualidades que más influyen en lograr un posicionamiento exitoso en negocios de estas características –desarrollaremos más este punto en el apartado dedicado al Employee Branding–.

"Un trabajador comprometido con nuestro negocio también lo estará con nuestras redes sociales. Cualquier comentario negativo, en caso de que lo vea antes que la persona encargada de gestionarlas, será rebatido por él, pudiendo cambiar incluso la tendencia de futuros comentarios antes de que sean incontrolables."

Queda patente, por tanto, que una empresa que siga los principios de Gestión de la Calidad Total tendrá unos resultados en cuanto a posicionamiento superiores que otra que no esté comprometida con esta visión.

A lo anterior debemos sumar que los verdaderos expertos en nuestro negocio somos nosotros mismos y que, aunque el día a día nos impida ver más allá, debemos darle al posicionamiento web la importancia que realmente tiene para programar las acciones dedicadas a este ámbito de la empresa. Desligarnos por completo de este asunto para dejarlo en manos de un profesional, aunque cómodo, no es algo recomendable. Ni el profesional de SEO –si es externo a la empresa– es quien ha desarrollado el plan de empresa, ni es quien debe marcar el rumbo de la imagen que debe dar esta en el ámbito digital.

¿QUÉ RESULTADOS PUEDO OBTENER SIGUIENDO ESTAS RECOMENDACIONES?

Los resultados del SEO siempre están supeditados a las acciones que realice la competencia. Esto significa que nuestro posicionamiento será mejor siempre y cuando la misma invierta menos cantidad –o lo haga peor– que nosotros, y viceversa. Por tanto, teniendo en cuenta que muchas de las empresas desatienden este tema, y que las recomendaciones que facilito en esta guía son las mínimas para cumplir con los criterios básicos exigidos por buscadores como Google, podemos esperar que nuestra página mejore su situación conforme se asienten los cambios que vayamos realizando.

> *"No podemos olvidar que Google se encuentra siempre comparando, por lo que nos posicionará mejor si nuestra puntuación en su escala de importancia (pagerank) es superior a la de nuestra competencia."*

En este aspecto es conveniente tener en cuenta que:

1. El posicionamiento no es cosa de un día. Es el largo plazo el que asienta todas las acciones que se van realizando, por lo que los resultados medibles deberemos estudiarlos siempre con cierta perspectiva.
2. No podemos saber a ciencia cierta lo que está realizando la competencia. Aunque existen muchas acciones de posicionamiento que son "visibles" con facilidad, otras están ocultas. Lo que es seguro es que si la empresa de la competencia está por encima de nosotros en posicionamiento orgánico será porque ha tenido una puntuación mejor en la escala del buscador.

¿SE CONSIDERA EL SEO POSICIONAMIENTO DE PAGO?

Antes de terminar este apartado introductorio del manual que tienes entre las manos –o que estás leyendo a través de una pantalla– queremos dejar clara la diferencia entre el posicionamiento orgánico –conocido como SEO– y el posicionamiento de pago –SEM–. En el apéndice final desarrollaremos un poco más las diferencias entre ambos conceptos, pero es conveniente tener claro desde un principio el eje central del presente manual.

En el SEO lo que pretendemos es que nuestra página web o, en general, nuestro negocio, se pueda encontrar en los buscadores o redes sociales de manera natural, sin necesidad de realizar un pago para ser visible. Esto no significa que sea gratis, ya que deberemos invertir conocimiento, tiempo y dinero en contenido, adecuación de la página web, etc., pero sí que lo es frente a los buscadores. Estos, que en su misión –nótese que no he utilizado el término "modelo de negocio"– tienen proporcionar a los usuarios los resultados más relevantes durante sus búsquedas, mostrarán los resultados –quitando aquellos que, como comentamos, hayan pagado por estar ahí– en función de su utilidad.

> *"El SEO es, frente a los buscadores, un posicionamiento gratuito, mientras que el SEM abarca todas aquellas acciones que pretender dar visibilidad a nuestra empresa realizando un pago para reservar el espacio. El SEM se refiere, en pocas palabras, a la contratación de un espacio publicitario."*

El SEM, por su parte, queda relegado a todas aquellas acciones que nos dan visibilidad previo pago a buscadores o empresas que cedan espacios web. En estos casos nuestro anuncio aparecerá en la posición que hayamos contratado.

Debemos ser precavidos al realizar una campaña SEM, ya que es una de las principales fuentes de ingresos tanto de redes sociales como de buscadores. Por esta razón cada vez resulta más sencillo configurar una. De hecho, en FaceBook es tan simple como dar clic en "promocionar publicación" o "promocionar página" y poner el número de la tarjeta de crédito, y algo similar está sucediendo con Google con su opción de Adwords express. Estas invitaciones a invertir en posicionamiento pueden ser una buena solución en determinados casos, pero deberemos ser conscientes de que en otros no será más que una pérdida de dinero.

Sirva como ejemplo ilustrativo la diferencia entre un posicionamiento orgánico en Google frente a otro de pago.

Posicionamiento orgánico (SEO):

Nos encontramos con una entrada que ha aparecido en los buscadores de manera natural, porque las palabras que hemos buscado tienen que ver con el contenido de la página y no porque esta empresa haya pagado por estar en esa posición.

Posicionamiento de pago (SEM):

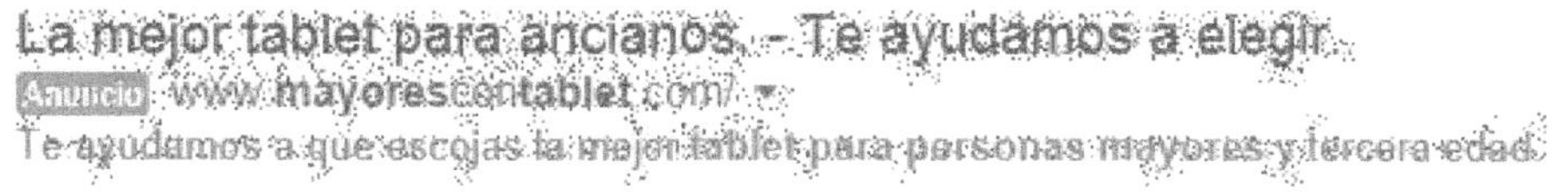

Esta entrada aparece en la parte superior de los resultados y tiene un pequeño aviso para indicar a los usuarios que se trata de un anuncio, algo básico para cumplir ciertas legislaciones al respecto.

Muchas personas relacionan el SEO con posicionamiento gratuito pero, como veremos, el trabajo que lleva asociado puede conllevar una inversión. Por esta razón, y al igual que haríamos si realizáramos una inversión en un anuncio, será recomendable que estudiemos el ROI –retorno de la inversión– en función de los beneficios que nos reporte la misma. En el SEO es más difícil saber cuál es realmente nuestro objetivo, ya que muchas empresas confunden las meras visitas de la página con clientes, pero si logramos asociar un beneficio económico a cada una de ellas –aunque sea una ponderación aproximada– y desagregamos qué visitas provienen de nuestra inversión en SEO, podremos saber con rapidez el ROI.

Una fórmula sencilla para calcularlo es la siguiente:

ROI = (Ingresos – Coste de los bienes vendidos) / Coste de los bienes vendidos

Por tanto, en el supuesto de que nuestra inversión en SEO haya sido de 1.000 euros, que gracias a él hayamos logrado 5.000 visitas y que cada visita esté valorada en 0,4 euros –calculada con los ingresos medios que nos reportan nuestros clientes provenientes del SEO menos los costes asociados tanto a la venta del propio producto o servicio como a la propia inversión en SEO–, podremos deducir que nuestro ROI es del:

ROI = (0,4 x 5.000) / 1.000 = 200 %

Nótese que se calcula el ROI de la inversión en SEO, cosa distinta al retorno de la inversión del resto de inversiones[4].

4 Debido a la complejidad del asunto y a la finalidad del presente manual tenemos una aproximación más completa en la página de formación de Google que podemos consultar en la siguiente dirección: https://support.google.com/partners/answer/6172653?hl=es&ref_topic=6123873

Este cálculo se complica debido a que:

- Es muy difícil asociar un beneficio realista a cada visita. Este punto se suaviza si nuestro negocio se dedica exclusivamente a la venta online, algo que en muchas ocasiones no sucede.
- Es difícil aislar las visitas asociadas con una inversión en SEO concreta.
- Las inversiones en SEO perduran en el tiempo –los beneficios no se terminan en el momento en el que se deja de invertir–, por lo que es necesario hacer una capitalización de las visitas futuras al momento actual si queremos ajustarnos a la realidad.

¿QUÉ PARTES DE MI WEB TIENEN EN CUENTA LOS BUSCADORES?

Hay muchas características de la página web que son consideradas por los buscadores para otorgarle una prioridad mayor o menor frente a otras. Muchas de ellas, como ya hemos comentado anteriormente, son visibles –por lo que podremos estudiar qué hace la competencia en esos ámbitos–, pero otras se encuentran más ocultas y, por tanto, difíciles de modificar y entender por personas que no se dedican a estos temas.

En este punto no quiero ponerme a desglosar todas y cada una de las características importantes debido a que "Posicionamiento web para todos" es un manual para acercar este mundo a los neófitos –donde, además, nadie sabe a ciencia cierta cuáles son las variables utilizadas por los buscadores, ni el peso que se le da a cada una de ellas, ya que las empresas como Google no publican este tipo de datos–, pero sí que haremos hincapié en algo que es crucial dentro del SEO: el sentido común.

> *"El sentido común es la madre de cualquier acción dentro del SEO. Las trampas se pagan como ya ha sucedido en el pasado a empresas que, intentando engañar a los buscadores, lograron un posicionamiento orgánico elevado. Cuando se han descubierto los trucos utilizados han sido penalizadas cayendo a las últimas posiciones."*

Que el contenido de la página sea relevante, único e interesante, que sea una web accesible y rápida –obviamente también desde dispositivos móviles–, que nos referencien desde otras páginas web –lo cual significa que nuestro contenido es interesante–, que esté bien estructurada Como puedes observar todas las variables conocidas van por el mismo camino: una experiencia de usuario lo más cercana a sus expectativas y que logre su completa satisfacción.

No debemos fiarnos de ninguna empresa que venda un posicionamiento "mágico". No existe manera para posicionar una página web de forma rápida y asegurada. ¿Por qué? Pues porque, como hemos comentado ya, el posicionamiento es relativo y dependerá de lo que haga la competencia. Esto, para comenzar, ya nos impide poder asegurar unos resultados determinados. Lo que debemos tener claro es que si la competencia lo hace y nosotros no –o lo hacemos peor– caeremos por debajo de ellos. Y, como también se ha tratado anteriormente, los "trucos" no son plato de buen gusto para buscadores como Google y, aunque puedan funcionar ahora, en un futuro dejarán de hacerlo.

La conclusión que podemos extraer es que el sentido común, que es el menos común de los sentidos, debe encontrarse por delante de todo lo demás. Si algo nos chirría es que hay algo mal detrás y terminaremos pagando las consecuencias.

OBJETIVOS SMART

Como ya hemos visto, resulta indispensable establecer cuál va a ser el retorno de nuestra inversión. Pero, para ello, tenemos que establecer cuáles van a ser nuestros objetivos para poder equipararlos con un valor –en términos monetarios– y, en última instancia, hacer un seguimiento y saber si las acciones tomadas han resultado o si, por el contrario, han quedado por debajo de nuestras expectativas.

La regla general, tanto en el marketing online como en el resto de objetivos que se proponen en una empresa, es que deben cumplir las conocidas siglas que conforman la palabra "SMART" –"inteligente" en inglés–. Estas características son:

- Specific –específicos–. Los objetivos propuestos deben ser concretos, es decir, se tienen que poder identificar claramente con algo. La vaguedad resulta un enemigo a la hora de su análisis tanto a la hora de confeccionarlos como, con posterioridad, para saber si se han cumplido. Además, los objetivos poco específicos son difícilmente cuantificables económicamente o, lo que es lo mismo, no sabemos cuánto valen para nuestra empresa. A la hora de calcular el retorno de la inversión este hecho puede ser un verdadero problema. En el ámbito del posicionamiento web no es suficiente con decir "debemos lograr estar en primera página de los buscadores" debido a que en ese objetivo falta información. En cambio, deberemos concretarlo más, como por ejemplo "estar en primera página de media en las búsquedas realizadas dentro de España para la palabra clave *colchones baratos*'.

- Measurable –medibles–. En un objetivo que no sea medible es imposible establecer una frontera para determinar si se ha cumplido o no. Además, su medición nos permite poder transmitirlo con facilidad a los trabajadores en los que recaiga su cumplimiento. En el ámbito del posicionamiento web podemos utilizar cualquiera de las variables existentes –visitas, conversiones, inbound links, etc.–.

- Attainable –alcanzable–. Los objetivos tienen muchas finalidades, pero una de las más importantes es poder valorar si una estrategia ha sido exitosa o no. Es un error común caer en el optimismo desmesurado y proponer objetivos que no son realistas, lo cual no solo nos impedirá evaluar nuestras acciones y estrategias, sino que producirán frustración entre los individuos o equipos encargados de su cumplimiento. En el ámbito del posicionamiento web lo más adecuado es basarse en un mix de datos históricos de nuestra propia experiencia y datos del sector en el que nos encontremos.

- Relevant –relevantes–. Los objetivos propuestos tienen que ser relevantes dentro de la estrategia general de la organización en un nivel concreto. No significa que un objetivo, por poner un ejemplo, de reducción de gasto de papelería de una delegación no sea importante y no deba proponerse, sino que este objetivo debe ser relevante dentro del nivel estratégico de dicha delegación.

- Time–Related –con plazo de ejecución–. Un objetivo sin plazo es inútil porque ningún equipo o individuo sobre el que recaiga su ejecución sabrá cuándo tendrá que rendir cuentas sobre el mismo. Saber de cuánto tiempo se dispone para lograrlo nos ayuda a planificar cómo lo vamos a lograr, estableciendo una hoja de ruta que permita alcanzarlo. En el ámbito del posicionamiento web es especialmente importante este punto, ya que muchos objetivos relacionados con el mismo necesitan de un tiempo que no solo depende de las acciones realizadas, sino de otras variables que no dependen de nuestra empresa.

1

TODAVÍA NO TENGO MI PÁGINA WEB, ¿QUÉ CONSEJOS DEBO TENER EN CUENTA?

1.1 CONSIDERACIONES SOBRE LA PÁGINA WEB

Si tienes que montar tu página web, y con la intención de que todas las recomendaciones que te expongo a continuación puedan llevarse a cabo de manera sencilla y rápida, te propongo que tengas en cuenta una serie de requisitos que te permitan crecer junto a ella en función de las necesidades que vayan surgiendo.

Partimos de la base de que no eres programador –de ahí que este manual tenga el nombre de "Posicionamiento web para todos"–, por lo que estas recomendaciones están dirigidas, principalmente y por encima de cualquier otra cosa, a que la actualización de tu página sea fácil y rápida –más o menos como si abrieras un Word–.

"Tener una página web fácilmente actualizable es básico para aquellas personas que están menos familiarizadas con el mundo digital. De esta manera podremos subir contenido, cambiar imágenes, etc. como si estuviéramos en un pequeño programa, con botones sencillos que nos ayudan a modificar con facilidad aquello que queramos."

En caso de que tengas a una empresa detrás que te dé el servicio de actualización y modificación de contenido estas recomendaciones podrán no ser aplicables. Aun así te animamos a que las estudies, sobre todo si deseas disponer de cierta independencia.

1. Elige una página en la que exista una zona –o backoffice– desde la que puedas cambiar o modificar el contenido. Sistemas de gestión de contenidos –también llamados CMS– estándar tipo Wordpress pueden ser una opción recomendable, ya que cualquier modificación en los mismos es relativamente sencilla.

2. Estructura bien la página. A pesar de que seas capaz de realizar las modificaciones que necesites una cosa está clara: cuantas menos tengas que realizar mejor ya que significan tiempo y dinero. Una estructura inicial correcta es básico para que el crecimiento posterior sea sencillo. Dedica el tiempo que necesites a este punto, y anota en una hoja qué partes debe tener la página web. Página de inicio, página de contacto, galería de fotos, etc. son algunos de los puntos habituales. A continuación te mostramos la estructura de ejemplo de una página web en la que podrás basarte para que tu programador no tenga dudas y, a la postre, realice el menor número posible de cambios.

   Una estructura general de una página web tendría el siguiente aspecto –en estos ejemplos no muestro, debido a que su existencia es necesaria debido a la normativa existente, las páginas legales tipo Aviso Legal, Cookies, Política de devolución, etc.–:

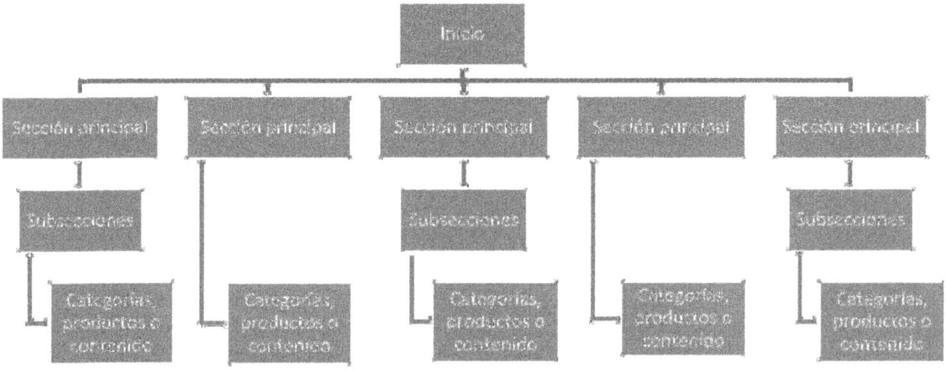

Un ejemplo para una web de restaurante con posibilidad de ver una galería de imágenes del sitio, la carta y un blog, podría ser el que se propone a continuación.

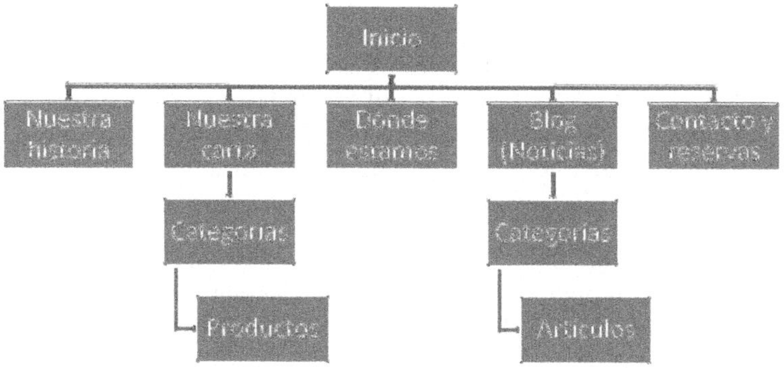

Por último, si en nuestra página web realizamos ventas, un ejemplo muy simplificado de estructura en la que se contienen productos podría ser el siguiente.

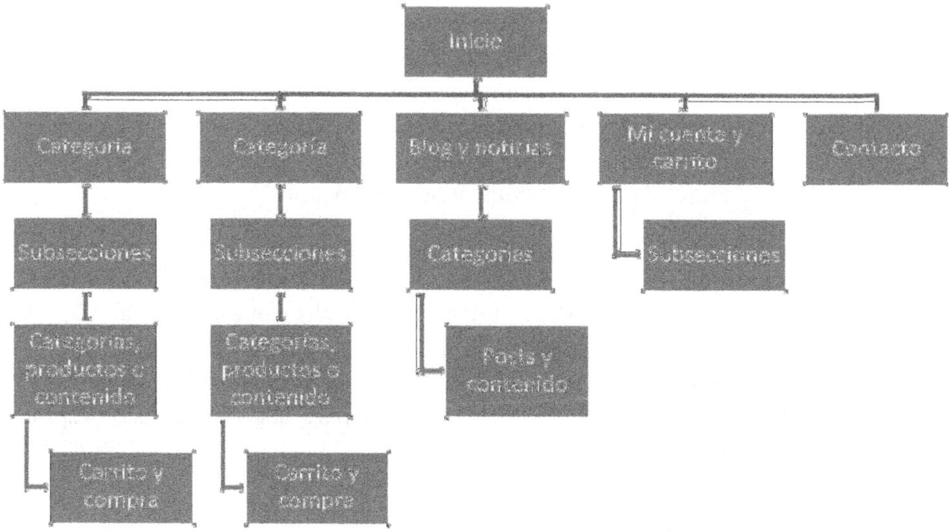

Es conveniente darnos cuenta de que, en ocasiones, algunas secciones tienen repercusión y se encuentran ligadas a otras, siendo en algunos casos incluso dinámicas –por ejemplo en el carrito de compra–, algo que deberemos detallar al programador para que entienda el funcionamiento.

Así mismo, y una vez tengamos el "plan" general de toda la página, deberemos hacer una pequeña descripción o "dibujo" más específico de cada una de las secciones. La intención final, no nos engañemos, es que el programador trabaje las menos horas posibles, tenga que modificar la menor cantidad de puntos por haber estado indefinidos y, en definitiva, nos cobre lo menos posible.

Además de las que he propuesto como ejemplo podemos imaginarnos muchas otras opciones y secciones que pueden ser interesantes en función del tipo de página. Oferta, política de devolución, etc. son algunos de los ejemplos.

Una vez hecho lo anterior continuaremos realizando un dibujo sencillo –no es necesario que sea muy técnico, bastará con utilizar un papel y un lápiz– sobre cómo deberán organizarse los elementos con la intención de que, si hemos contratado un diseñador, este siga nuestra estrategia a la hora de transmitir el contenido. El boceto deberá ser en blanco y negro y con contenido representado en "cuadrados", ya que nuestra intención no es diseñarlo sino organizarlo. Para que puedas hablar con propiedad con las personas que utilizan la ignorancia de las empresas para cobrar mucho más de lo recomendable, a esto se le llama "mockup". Si prefieres realizarlo digitalmente se pueden realizar fácilmente con muchas herramientas, algunas gratuitas y otras de pago[5].

A continuación te proponemos un ejemplo muy básico realizado con Mockingbird para la home de un restaurante según uno de los esquemas expuestos anteriormente. Fíjate en que en el mismo no hay diseño. ¡Ni siquiera tiene colores! Esto es así porque no es necesario para la finalidad que buscamos. El objetivo de realizar este mockup inicial es organizar los elementos y dar unas bases al diseñador para que entienda con rapidez nuestra intención.

5 Algunas de las más conocidas son Mokingbird, Balsamiq Mockups o Mockflow.

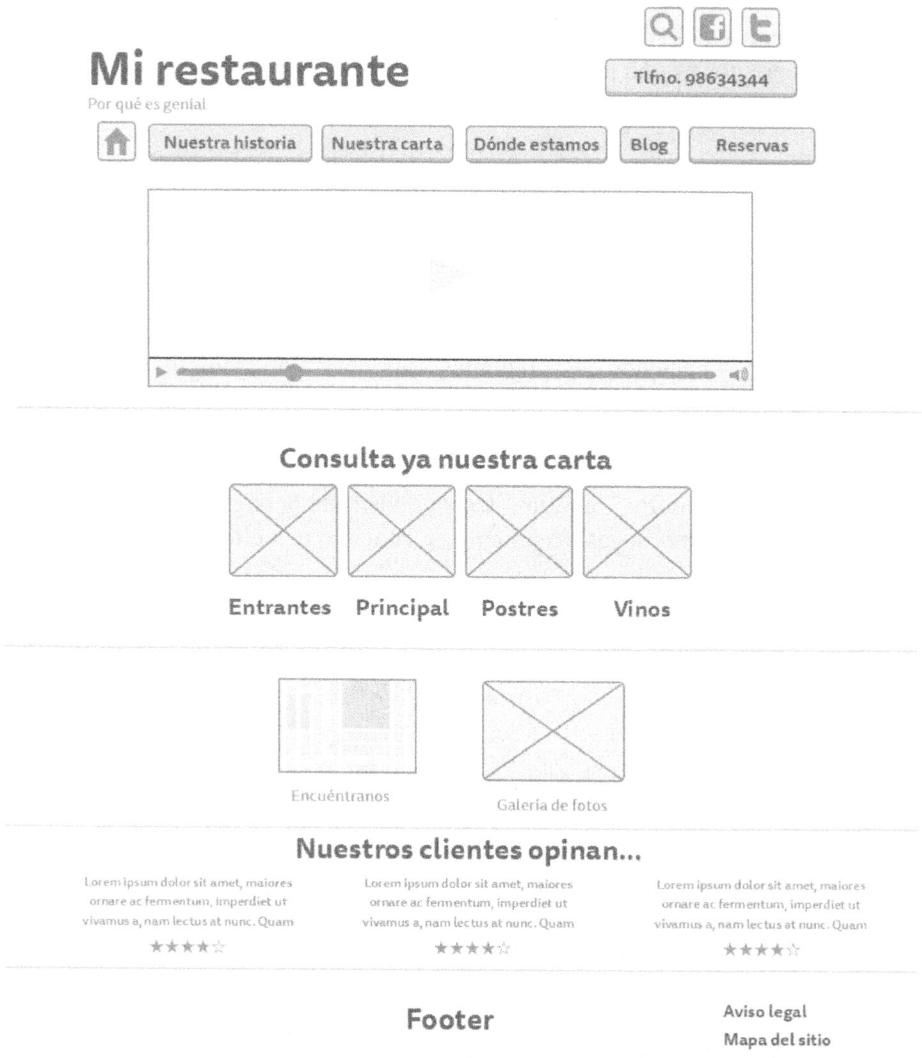

Por último ten en cuenta que, si el diseñador es experimentado, puede tener muchas ideas sobre usabilidad, recomendaciones sobre cómo deben ser algunas de las secciones, etc., así que intenta ser abierto a sus comentarios y permite que se realicen cambios sobre el boceto inicial.

3. Asegúrate de que la empresa que te haga la página conoce y cumple con todos los requisitos legales existentes. Aviso legal y política de cookies –por ejemplo si vas a hacer un seguimiento de las visitas– son puntos a tener en cuenta.

4. Ten cuidado con las imágenes y lo que ocupan. Recuerda que cuanto más ligera sea la página menos tardará en cargarse. Esto es básico si lo que queremos es que los buscadores como Google no nos penalicen por esta causa.

5. Piensa como tus clientes. La página web que vas a crear está enfocada a ellos, por lo que debes intentar dejar de lado tu faceta de empresario –y lo que a ti te gustaría que apareciera y cómo te gustaría que lo hiciera– para ponerte en la mente de las personas que van a visitarla. Es conveniente hacer un pequeño muestreo con el conocido "test de la madre"[6] con el que obtengas ciertas respuestas de personas cercanas lo más objetivas posibles haciendo las preguntas correctas. Por ejemplo, no preguntes "¿Te parece bien que el menú tenga un botón de contacto?", porque obviamente te contestarán que sí para no herir tus sentimientos. En su defecto es conveniente formular la pregunta de la siguiente manera: "¿Por que motivo la última vez que visitaste la página de un restaurante finalmente no llegaste a ponerte en contacto con ellos?".

"Utiliza el test de la madre con personas cercanas para obtener respuestas objetivas. Evita siempre que te contesten lo que quieres oír."

6. Acuérdate de las redes sociales. Debes facilitar a tus visitantes que compartan las fotos que has subido –por ejemplo de tus últimos platos cocinados, de la última fiesta temática que organizaste, etc.– en las redes sociales. Y, a ser posible, estas fotos deberán tener incrustado el logo y nombre de tu restaurante en una zona que no sea molesta –por ejemplo en una esquina–. Que las compartan, pero que se sepa claramente de dónde son.

1.2 EL HOSTING, O EL LUGAR DONDE SE VA A GUARDAR TU PÁGINA

El hosting no es más que el servidor donde va a estar alojada tu página web. Es un poco más complejo que esto, pero para hacernos una idea y poder comprender este servicio –sobre todo a la hora de valorar qué características debe tener– se trata del "disco duro" donde se van a guardar los archivos de tu página, y que debe poder accederse desde cualquier sitio.

6 Un libro increíblemente interesante sobre cómo preguntar a personas cercanas sin que te den respuestas aduladoras. Para más información puedes visitar la página: http://momtestbook.com/

Ya hemos tratado con anterioridad la importancia de que una página web se cargue con rapidez, ya que es uno de los puntos valorados por Google para posicionarla correctamente –y lo que nos queda, ya que es una idea que en "Posicionamiento web para todos" se repite constantemente–. Sabiendo esto ya podemos hacernos una idea, aunque sea por sentido común, de ciertas características básicas que nos ayudarán en nuestra tarea. Pero vayamos por partes cuestionándonos un poco cada posibilidad. Veremos cómo las propias preguntas contienen, en muchas ocasiones, la respuesta.

> ***"El servicio de hosting nos proporciona un lugar donde guardar nuestros archivos y bases de datos para que cualquier persona pueda acceder a ellos –a la página web–. Sin él tendríamos el nombre del dominio, pero no veríamos nada al escribirlo en nuestro explorador porque no habría nada que mostrar."***

¿Qué es mejor para visitantes de España, un servidor situado en una pequeña ciudad de Siberia u otro que se encuentra en Madrid? Evidentemente, y si nos tenemos que ceñir exclusivamente a la distancia, será más rápido aquel que esté más cerca del lugar desde el que queramos acceder a la información. Y en esta misma línea, ¿será mejor un servidor que tiene un microprocesador de última generación u otro de hace veinte años? Si seguimos haciendo uso del sentido común entenderemos que el de última generación irá más rápido.

Pues bien, como estas podremos contestar a cualquier cuestión que se nos plantee, y así serán también los precios de cada uno de los servidores de hosting. Y, hecha esta pequeña introducción para comprender qué es un servicio de hosting y por qué lo necesitamos para nuestra página web, te propongo de manera un poco más esquemática las características que deberemos tener en cuenta antes de contratarlo.

Lo más importante es que conozcamos los conceptos para que podamos hablar con propiedad y saber qué contratamos.

- **Su espacio**. Como buen "disco duro" accesible desde cualquier lugar deberá disponer del espacio suficiente como para albergar todos los datos de tu página web. Lo que ocupa tu página es, principalmente, lo que ocupen sus imágenes y, como veremos más adelante, existen maneras para reducir su peso. Y, por supuesto, no será lo mismo una página web estática –es decir, que no se actualiza de manera periódica–, que otra que contenga un blog donde se van a ir publicando noticias y nuevas imágenes con cierta asiduidad, que una tienda virtual donde cada producto contiene varias imágenes, se actualizan con rapidez, etc. En cualquier caso y en este sentido los proveedores de hosting suelen ofrecer más de lo que vamos a necesitar, y deberemos prestar atención al resto de características.

- **Servicio de correo.** El servidor de hosting es el que gestiona el correo, por lo que es conveniente considerar este punto a la hora de contratarlo. Algunos proveedores capan esta posibilidad para obligarnos a aumentar de paquete de hosting en cuanto se incrementan un poco nuestras necesidades y, aunque no suele ser un punto especialmente importante a la hora de tomar este tipo de decisiones, sí que será bueno conocer las limitaciones existentes. Además, y al tratarse de una de las herramientas más importantes dentro de la empresa, hay que prestar especial atención en realizar los cambios con cuidado para no perder ningún dato ni email.

- **Rapidez de accesibilidad.** Un factor clave a la hora de decidir sobre el hosting es su rapidez de transferencia. Aunque muchos no facilitan esta información es recomendable tener en cuenta que:

  - Un servidor dedicado –es decir, que no está compartido con otras páginas web– suele tener una transferencia más rápida que otro que no lo es.
  - Cuanto más cerca se encuentre el servidor de nuestros visitantes más rápida será la transferencia.
  - Un servidor con mayor ancho de banda que otro ofrecerá una velocidad de acceso superior.
  - Cuanto más potente sea un servidor mayor velocidad tendrá de transferencia. En los servicios de hosting más económicos no podemos saber este tipo de información, pero sí en otros en los que la inversión es más elevada.

  Una buena manera de saber qué velocidad de acceso tiene nuestra página web es introduciéndola en la herramienta gratuita de Pingdom[7], donde podrás ver lo que tarda en cargar y diversas causas que pueden hacer que se esté ralentizando. Esta información puede ser de utilidad para saber qué solicitar a nuestro desarrollador para optimizar en nuestra página web.

- **Transferencia de datos mensual.** Por último, pero no por ello menos importante, deberemos atender a la transferencia de datos mensual o, lo que es similar y para entendernos, cuántos datos se pueden descargar de

7 Puedes acceder a ella a través de la dirección https://tools.pingdom.com/.

nuestro sitio web durante un periodo de tiempo. ¿Uno de tus visitantes está viendo una imagen de tu empresa a través de tu página web? Este visitante se encontrará consumiendo datos, concretamente lo que ocupe la imagen y el resto de la página que la contenga. Como es muy difícil prever los datos que vamos a necesitar, lo más adecuado es comenzar con un límite bajo e ir aumentándolo conforme se incrementen nuestras necesidades

Entendido este concepto volvemos a hacer hincapié en que una página, cuanto más ligera sea –imágenes poco pesadas, etc.– más rápida se cargará y, además, menos datos de nuestro servidor se consumirán cuando sea visitada.

1.3 ¿NECESITO EL HOSTING MÁS CARO DEL MUNDO?

Rotundamente no. Leyendo todo lo anterior puedes caer en la tentación de querer contratar un hosting potentísimo, con todas las características a la última. Pero no es así. Para elegir correctamente y no invertir más dinero del necesario deberemos tener en cuenta la cantidad de visitas mensual que prevemos tener –por supuesto basándonos en datos realistas, que el optimismo aquí no sirve de mucho–, invertir en una página lo más ligera posible y, por supuesto, escoger una opción que pueda ampliarse con facilidad en un futuro.

"De la misma manera que no alquilaríamos una nave de cinco mil metros cuadrados para realizar una actividad en la que solo utilizaremos cincuenta, no debemos utilizar un servidor sobredimensionado ya que no estaremos aprovechando correctamente los recursos."

1.4 APUNTES SOBRE EL DOMINIO QUE DEBEMOS ADQUIRIR

El dominio es el 'nombre', las letras que ponemos en la barra de direcciones para encontrar nuestro servidor.

No pretendo entrar en este asunto con demasiado detalle ya que no es el objeto de este manual, pero sí que me gustaría dejar constancia de algunos puntos de interés que pueden influir en el posicionamiento y que son muy relevantes para escoger un dominio con la sensación de haber tenido en cuenta los aspectos más importantes.

- **El dominio debe ser sencillo de recordar.** Cuando te dispongas a elegir un dominio piensa que los visitantes de la página deberán recordarlo si desean volver con posterioridad, por lo que es recomendable elegir uno sencillo y que se pueda transmitir sin necesidad de deletrearlo. En este sentido proponte un ejercicio: llama por teléfono a una persona a la que nunca le hayas hablado del dominio que tienes pensado y díselo una vez. Si sabe escribirlo sin que tengas que repetirlo ni deletrearlo será un buen candidato.

- **Escoge un dominio que tenga que ver con tu empresa.** El nombre de la misma, si no es demasiado complicado, puede ser una opción adecuada. Aun así ten en cuenta que puede estar ya cogido. Si ese es el caso no te desanimes y aplica la creatividad: añade una palabra que tenga que ver con tu sector delante o detrás –por ejemplo "restaurante"–, utiliza abreviaturas que sean fácilmente reconocibles, etc. El único límite es que tus clientes lo vean natural y lo asocien a tu local o empresa con facilidad.

- **Si eres español compra, por lo menos, el .es, el .com y el .net.** En el caso de que seas de otro país sustituye el .es por el dominio del país que corresponda. Esto es especialmente importante porque, si haces las cosas bien y en un futuro el dominio se vuelve conocido, pueden aparecer otras personas –posiblemente de la competencia– que lo compren. Así que no te arriesgues, para lo que cuesta un dominio al año es recomendable tener los más importantes.

"Adquirir todos los dominios más importantes que tengan que ver con nuestro nombre es una decisión acertada, ya que nos aseguraremos poder explotarlos en el futuro y nos evitaremos tener que trabajar para recuperarlos cuando los necesitemos."

- **Si eres un restaurante local establece tu página principal en el dominio local y redirecciona el resto.** Es decir, que si tus clientes ponen el dominio en ".com" –y lo tienes contratado, por supuesto–, automáticamente les aparecerá el dominio ".es". Lo contrario si eres una cadena de restaurantes o un franquiciador y deseas tener presencia internacional, donde deberás tener la página principal en el ".com" y redireccionar el resto. Lo anterior es relevante desde un punto de vista de posicionamiento, ya que los buscadores como Google premian, aunque es cierto que cada vez en menor medida, los dominios locales para búsquedas realizadas en su zona de actuación –en el caso de los ".es" sería España–.

1.5 LOS QUINCE SEGUNDOS DEL 'VISITANTE INTERESADO'

Antes de terminar este apartado me gustaría transmitir la importancia de hacer una página web que enganche desde el primer momento. La tendencia es, cada vez más, a que los visitantes de una web tengan una impaciencia supina. Y esto se traduce en que, si "aterrizan" en nuestra página web, tendremos muy poco tiempo para llamar su atención. En concreto alrededor de quince segundos[8]. ¿Te parece poco? Pues es la cruda realidad.

Así que, en primer lugar, lo que debemos hacer es que, como ya he comentado muchas veces y te estarás hartando de leer, la página web sea rápida durante la carga. La impaciencia nos puede llevar a cerrar la misma antes de que haya aparecido siquiera el primer mensaje en ella. ¿Sabías que la mayor parte de los usuarios abandonan una página antes de tres segundos[9]? Sí, parece una locura, pero es algo sobre lo que nos debemos preocupar, ya que es posible que el visitante ni siquiera nos haya dado la oportunidad de atraer su interés por nuestros productos o servicios. En un capítulo posterior trataremos de forma más detallada este tema.

Por otro lado hay que lograr, si hemos sido capaces de que el visitante vea algún elemento de nuestra página –es decir, que hemos pasado la criba inicial de los tres segundos–, que se quede para seguir consultando nuestra información. Recordemos que en una visita física tenemos la atención inicial durante, aproximadamente y según los estudios sobre la materia, cuarenta y cinco segundos. Cuarenta y cinco segundos para que nos presten atención –y ya parece poco–. En el mundo virtual este periodo de tiempo se reduce debido a la fuerte impersonalidad del medio a los quince segundos inicialmente comentados, por lo que la primera información que vea deberá ser interesante y suficientemente relevante.

"Una información relevante, unida a un diseño atractivo, puede ser la clave para que el usuario se quede en nuestra página para aprender un poco más sobre nuestro negocio. Ni qué decir tiene que esto es todavía más crucial en los casos de tiendas virtuales, aunque también se aplica a cualquier página web corporativa."

En este sentido deberemos lograr dos cosas. En primer lugar que nuestra página esté bien estructurada, para que los usuarios lleguen a ella por el canal más

8 Tony Haile, revista Time. Puedes leer el artículo completo en la siguiente dirección: *http://time.com/12933/what-you-think-you-know-about-the-web-is-wrong/*

9 Kissmetrics. Artículo completo en la siguiente dirección: *https://www.nngroup.com/articles/how-long-do-users-stay-on-web-pages/*

adecuado. Cuanto mejor sea su estructura mejor sabrán los buscadores qué página puede interesar al visitante.

En segundo lugar deberemos crear las denominadas "landing pages" con un contenido organizado y relevante. Una landing page no es más que la página donde pensamos que cada tipo de visitante o cliente potencial –según la segmentación que hayamos realizado del mercado– va a "aterrizar" en nuestra página. Por tanto la misma deberá ser intuitiva, que enganche con las argumentaciones que correspondan –diferentes en función del tipo de cliente– y que sea atractiva. No es recomendable que contenga demasiada información para no asustar al visitante, pero tampoco deberá ser genérica y vacía de contenido. Recordemos la regla de las trescientas palabras de Google[10] –aplicable también a otros buscadores–.

1.6 TRANSMITIR UNA IDEA EN CINCO SEGUNDOS

¡Cómo nos gustan los segundos! Las métricas nos permiten saber cuál es el comportamiento medio de los visitantes en nuestra página web y, como ya sabrás, la medición de las mismas es muy ajustada en el caso del mundo online gracias a que casi todo comportamiento se puede medir y registrar.

Después de los quince segundos del "visitante interesado" no puedo dejar pasar la ocasión para nombrar otra regla muy conocida entre los diseñadores web: la de los cinco segundos que tenemos para transmitir una idea general sobre nuestro negocio. En este caso la regla es similar a la expuesta en el capítulo anterior pero aquí lo que valoramos es la capacidad de transmitir "de un vistazo". Si en el punto anterior teníamos como objetivo que se "quedaran" con nosotros, aquí lo que queremos es saber si comunicamos bien las ideas que queremos transmitir. El logo[11], la estructura, los colores y las imágenes iniciales son algunos de los elementos clave en este campo.

¿Y cuál es la regla de los cinco segundos? Muy simple. Es la respuesta a esta pregunta: ¿Con qué concepto se queda una persona que nunca ha visitado nuestra página después de permanecer en ella cinco segundos? Parece sencillo, ¿verdad? Es la manera que tendremos de saber si estamos transmitiendo con rapidez la idea que, después de todo lo que hemos averiguado de nuestros clientes potenciales, sabemos que tienen que tener de nuestra empresa.

---

10 Para más información consultar el capítulo dedicado al contenido.

11 ¿Quieres saber qué características en común tienen los logos de las empresas más exitosas? Un artículo interesante al respecto lo tenemos en el blog de Hubspot y que puedes consultar aquí: https://blog.hubspot.com/marketing/successful–company–logos

1.7 MI SOBRINO ME HACE LA PÁGINA GRATIS, QUE ÉL SABE DE ESAS COSAS

Todos tenemos a nuestro alrededor alguien que sabe de páginas web, o por lo menos eso es lo que nos juran y perjuran. Y es una tentación que sean ellos los que nos saquen del apuro desarrollando nuestra página web corporativa ya que, así, podemos ahorrar un dinero que puede servir para otros fines.

A pesar de ello es conveniente poner de manifiesto la problemática que esta decisión puede llevar aparejada. Y lo más importante es que no lo digo yo, que podría parecer un poco parcial al respecto, sino todos los profesionales y empresarios que han sufrido las consecuencias.

"Contratar a una empresa o freelance profesional para hacer nuestra página web es más caro, pero debemos valorar su trabajo de manera racional para comprender cuáles son los beneficios."

Los efectos negativos que puede acarrear tomar una decisión equivocada en la contratación del profesional que nos haga la página web pueden ser de diversos tipos, aunque las más comunes son los siguientes:

- **Que tarde demasiado en ser desarrollada.** Es cierto que depende mucho de nosotros que el desarrollo web sea fluido y rápido –que enviemos las imágenes a tiempo, que facilitemos el contenido, etc.–, pero también de la persona que la esté confeccionando. Y el problema cuando alguien nos ofrece hacernos la página gratis suele surgir por la propia naturaleza de la relación, ya que no estaremos en disposición de exigir plazos o de saber en qué situación real se encuentra.

- **Que no ofrezca el aspecto adecuado.** Nuestra página es un escaparate y un reflejo de nuestra empresa. Por esta razón debemos mimarla ya que va a ser un vendedor constante, siempre alerta para informar a cualquier persona con dudas sobre los productos o servicios que ofrecemos. Que tenga un diseño agradable y acorde tanto a nuestro sector como a las exigencias actuales transmitirá seriedad y seguridad a nuestros clientes.

- **Que no sea usable.** El esquema y funcionamiento de la página deberemos diseñarlo nosotros –ya hemos hablado de eso–, pero siempre es de ayuda contar con el apoyo de una empresa que sabe cuáles son las últimas tendencias y que tiene claro cómo hacer para que el usuario no se sienta perdido y logre acceder a los contenidos que más le interesan.

- **Que no cumpla con los estándares mínimos tanto desde un punto de vista de calidad como legal.** Es crucial que nuestra página esté adecuada a las últimas exigencias de código, así como los requisitos que existan desde un punto de vista legal –aviso de la política de cookies, aviso legal, política de envío y reembolso en el caso de tiendas virtuales –. En este aspecto no solo es importante el código desarrollado, sino también la experiencia que es la que facilita, generalmente, una visión integral muy útil para las empresas.

- **Que tengamos que volver a desarrollarla.** Los puntos anteriores pueden derivar en la necesidad de tener que rehacer por completo nuestra página web, con el consiguiente gasto de tiempo y dinero que esto conlleva.

Con lo nombrado en este punto no solo quiero romper una lanza a favor de las empresas y freelance que se dedican profesionalmente al diseño web, sino también poner de manifiesto que una página corporativa, pese a lo que muchos empresarios entienden, es un asunto importante. Se trata de información muy visible que va a ser visitada por potenciales clientes y, de la misma manera que no dejaríamos la elección de la decoración interna de un restaurante de lujo a una persona que no fuera especialista en la misma, lo mismo deberá suceder con nuestra página web.

1.8 ¡HAY LUGARES QUE TE HACEN LA PÁGINA AUTOMÁTICAMENTE Y POR MUY POCO DINERO!

Para terminar con las precauciones que se deben tomar y que suelen significar una pérdida de dinero y de tiempo por parte de los empresarios no puedo dejar de nombrar algunas webs que ofrecen páginas a muy bajo coste y que pueden parecer, inicialmente, una buena solución empresarial.

Intentando no caer en el desprestigio gratuito de este tipo de opciones, sí que me siento en la obligación de poner de manifiesto las razones por las que cualquier especialista en SEO no recomendaría utilizar estas posibilidades. Queda en la decisión estratégica de cada uno de los empresarios –o del órgano que corresponda– el valorar si estas opiniones son lo suficientemente relevantes en cada caso concreto como para tenerlas en cuenta. Hay que destacar que cada empresa es un mundo y requiere de soluciones diferentes entre sí.

"Lo barato puede salir caro. Una web profesional tiene mucho más que un simple compendio de imágenes. Usabilidad, velocidad de carga y diseño son puntos que, si no contamos con profesionales, será difícil que llevemos a buen puerto."

Así, los mayores inconvenientes a tener en cuenta en estos casos son:

- **Aspecto poco profesional y "clónico"**. Todas las páginas realizadas de esta manera, a pesar de poder ser modificadas en algunos aspectos como colores o imágenes, terminan siendo muy similares entre sí. Este punto es relevante en empresas que quieren hacer una campaña enfocada de manera segmentada, y en aquellas que tienen su propio estilo.
- **Falta de propiedad del código**. En estos casos la página web no es de nuestra propiedad, por lo que no podremos migrarla a otro servidor o hosting en caso de necesitarlo.
- **Actualizaciones de código dependientes de un tercero**. Esto no tiene por qué ser un problema, sobre todo en el caso de empresas que no quieren dedicar recursos a mantener actualizada la página web. En cualquier caso es conveniente tenerlo en cuenta ya que es posible que estas actualizaciones no se apliquen tan rápido como en el caso de que la página sea propia.
- **Pago mensual** inicialmente barato pero continuo en el tiempo –en ocasiones con compromiso de permanencia–. Este tipo de páginas suelen tener asociado un contrato de pagos periódicos que, a la larga deben considerarse al compararlos con el desarrollo de una página propia. Además, tener la página en este tipo de empresas no nos evita la necesidad de contar con alguien que nos gestione la misma.
- **Otras dificultades** derivadas de la falta de propiedad del código. Dificultad en la creación y gestión de copias de seguridad, dificultad de añadir plugins y añadidos desarrollados por la comunidad, imposibilidad de gestionar etiquetas y similares importantes para el SEO, etc.

Es cierto, y así lo ha demostrado el mercado, que este tipo de soluciones pueden ser suficientes para muchas empresas. El gancho está ahí y los beneficios aparentes que ofrecen pueden ser muy atractivos, pero es necesario valorarlas en su justa medida conociendo cuáles son los inconvenientes de su adopción, sobre todo si luego vamos a tener que migrar porque no cubre por completo nuestras necesidades.

1.8.1 Página tipo Wordpress.com y Blogger

Existen páginas como la de Blogger y Wordpress[12] (no confundir esta última con el software con licencia pública GNU y que podemos instalar en nuestro hosting)

---

12 Wordpress.com (Automattic) y blogger.com (Google), entre otras, permiten crear páginas utilizando un hosting y código gestionado por ellos.

que ofrecen crear una página web con dominios del tipo mirestaurante.wordpress.com o mirestaurante.blogger.com. Estas opciones son comunes en algunos casos –y es muy probable que las hayamos visto en numerosas ocasiones–, pero nunca recomendables para webs corporativas debido a la dificultad de modificación del código y de la imagen transmitida.

No debemos olvidar la importancia que debemos dar a la independencia una vez creada una página web, sospechando de las intenciones de cualquier empresa o desarrollador que nos impida llevarnos el código con facilidad.

Además, si no se modifica el dominio –aunque en ambos casos es posible– la imagen transmitida es de baja calidad, invitando a los clientes a pensar que nuestra empresa no es seria o que no tenemos los suficientes recursos –que, como ya hemos visto, no tienen por qué ser nada elevados– como para adecuar ese aspecto.

1.8.2 Páginas automáticas mediante plantillas

Una opción cada vez más extendida es el uso de páginas web que, con unos pocos clics, permiten hacer una página web con facilidad. Algunas empresas de registro de dominios y hosting muy extendidas en España presentan esta opción, organizando la información con relativa facilidad. En ellas se permite, inicialmente, elegir una plantilla –generalmente en función de tu tipo de negocio–, escoger algunos colores y subir las imágenes que terminan de personalizar, por lo menos en parte, la página.

Los inconvenientes de estas soluciones son los mismos que en los casos de páginas como wordpress.org o blogger, siendo difícil migrar la página o hacerla más completa en caso de que nuestro negocio crezca.

1.9 DISEÑO RESPONSIVE: QUE NUESTRA PÁGINA FUNCIONE EN TODAS LAS RESOLUCIONES

Tu página web debe tener un diseño que se adapte a cualquier resolución, ya que en caso contrario no se podrá consultar con facilidad desde pantallas y monitores distintos a aquellos en los que fue creado. En pocas palabras, tu web debe poder visualizarse bien desde un monitor de sobremesa, una tablet o un móvil. Si a ello le sumamos que cada una de ellas tiene una resolución distinta en función del modelo, y que la usabilidad difiere si vamos a interactuar con ella con un periférico como el ratón o directamente con el dedo de la mano, el asunto adquiere un singular interés..

Los buscadores se encuentran dando especial importancia a estas características, ya que la experiencia de los usuarios al interactuar con las páginas web lleva años centrada en la movilidad. Y es que no puede ser de otra manera si, en la actualidad, la mayor parte de las visitas se realizan mediante dispositivos móviles.

"El diseño responsive es muy importante desde el punto de vista del posicionamiento. Ningún buscador va a facilitar encontrar el contenido de una página web si los visitantes no lo pueden visualizar correctamente."

Una página con un diseño responsive tiene como finalidad no solo hacer que los elementos se "pinten" bien en la pantalla, sino que la usabilidad se ajuste a cada momento de manera adecuada. Imaginemos una página de escritorio. ¿Es necesario que tenga los botones tan grandes –proporcionalmente– como en un teléfono móvil? La respuesta es que no, ya que en el primer caso vamos a disponer de un ratón –con la precisión que conlleva el uso de este periférico– mientras que en el segundo vamos a tener que pulsar con nuestro dedo –además de otras características del entorno como la probabilidad de que el sol esté incidiendo en la pantalla, con lo que el contraste entre los elementos debe ser mayor–.

Cuando solicitemos el diseño de nuestra página web deberemos establecer pautas claras sobre su aspecto responsive, decidiendo –porque es una decisión nuestra, ya que somos nosotros los que conocemos en mayor medida nuestro negocio y clientes– qué elementos deben estar en todas las versiones, cuáles son prescindibles en según qué circunstancias y cuáles deben aparecer exclusivamente en otras.

Un experto en UI (interfaz), UX (experiencia de usuario) e IXD (interacción entre la interfaz y la experiencia de usuario)[13] nos va a ayudar a construir nuestra página. Si no disponemos de dinero suficiente para contratar a este tipo de profesionales lo más adecuado es ver cuáles son las tendencias del sector en el que nos movemos –o en otro análogo–, y tomar las ideas básicas sobre lo que funciona y lo que no.

Dentro del diseño responsive hay que tener en cuenta el auge de las versiones web *AMP* y el premio que estas reciben en términos de posicionamiento orgánico. El proyecto *AMP*, liderado por Google, tiene como objetivo proporcionar una versión web enfocada a dispositivos móviles que sea más rápida y ligera. Todas aquellas páginas web que dispongan de esta posibilidad –y, por supuesto, siempre y cuando se encuentre bien implementada, algo que podremos comprobar con la herramienta Google Search Console– tienen un premio dentro de las búsquedas orgánicas.

---

13 En Kambrica han escrito un artículo especialmente interesante donde se diferencian estos tres conceptos. Puedes leerlo desde la siguiente dirección: *http://www.kambrica.com/blog/ui–ux–ixd–cual–es–la–diferencia/*

Está aumentando de forma tan importante la cantidad de terminales móviles desde las que se consultan las páginas web, que buscadores como Google ya tienen en cuenta de forma primaria la página en su versión móvil[14]. ¿Qué quiere decir esto? Que el buscador toma como referencia primaria la página en su versión móvil y, en caso de no encontrarla, rastrea la completa. El cambio de perspectiva de la antigua "Desktop First Indexing" a la nueva "Mobile First Indexing" implica que deja de premiarse la existencia de una versión móvil –tal y como sucedía anteriormente–, sino que ahora se entiende la versión completa como complementaria en caso de no existir la móvil.

En la siguiente figura comparativa puede verse con facilidad el cambio de enfoque que se está dando por parte de los buscadores como Google.

Enfoque anterior:

14 En Moz se hacen eco de este cambio, aunque hacen especial hincapié en el hecho de que, de forma periódica, suelen salir noticias de estas características y, aunque parezca "que se termina el mundo" en términos de SEO, sigue siendo importante tener una buena versión en todos los tipos de resoluciones y no solamente en las de teléfonos móviles. Puedes leer más en el artículo que escribieron al respecto: *https://moz.com/blog/mobile–first–indexing–seo*

Nuevo enfoque:

Esto nos tiene que poner en alerta y pasar a prestar especial atención a que todo el contenido que esté publicado en la web para resoluciones altas también lo esté en aquellas preparadas para terminales móviles –artículos, explicaciones, transcripciones, metadatos, etc.–. Además, esta debe ser legible tanto para los visitantes como para los propios "bots" de los buscadores.

> *"La perspectiva ha cambiado para buscadores como Google, pasando a ser la web principal aquella preparada para leer en dispositivos móviles, y la completa una secundaria en caso de no existir la primera. Esto nos debe dar una nueva idea de hacia dónde evoluciona la web, y dónde debemos prestar más atención si queremos tener relevancia dentro del posicionamiento SEO."*

Por último, recordar que este punto se debe tener en cuenta no solo en la página web, sino en cualquier comunicación –por ejemplo correos electrónicos– que puedan visualizarse en distintos tipos de pantalla.

1.10 SEGURIDAD DE LA PÁGINA: UNA CUESTIÓN CRUCIAL

No quiero dedicar mucho tiempo a este asunto porque no es el objeto del presente manual, pero mi experiencia me lleva a hacer una pequeña anotación para ser conscientes de la importancia de que la página cumpla los estándares mínimos de seguridad. Esto evitará que la hackeen con facilidad –algo que, aunque pueda parecernos poco importante, sí que lo es– y que estemos preocupados por un tema añadido.

Para ello podemos seguir unas recomendaciones muy básicas para, por lo menos, cubrirnos las espaldas mínimamente. Aunque algunas no las comprendamos en su totalidad, nos pueden dar una idea de lo que debemos exigir a la empresa que nos desarrolle la página web.

- Tenemos que elegir un CMS –gestor de contenidos– para nuestra página que esté extendido entre la comunidad con la intención de que disfrute de actualizaciones constantes.
- Todas las actualizaciones deben estar activadas de manera automática. Con ello lograremos estar protegidos, cuando se descubre un agujero de seguridad, desde el minuto cero.
- Si utilizamos plugins –algo normal en CMS como Wordpress o Prestashop– estos deben encontrarse activos y con actualizaciones que sean más o menos periódicas.
- Si utilizamos un tema –añadidos al CMS que nos permiten que la página se vea atractiva y conforme a nuestros requisitos– estos deben de poderse actualizar. Si es un tema de pago será preceptivo que tenga introducida la clave de activación.

- Si es posible nuestra página deberá tener un certificado SSL o, lo que es lo mismo, que nuestro dominio empiece por HTTPS. Esto dificulta a los usuarios malintencionados robar información desde que sale del visitante hasta que llega a nuestro servidor.
- Debemos tener algún programa dentro de nuestra página web que nos avise si algo va mal. Un ejemplo muy extendido en Wordpress es el plugin "Wordfence".
- Backups periódicos. Nuestra página web tiene que tener un sistema de copias de seguridad que nos permitan volver a la situación anterior en caso de que ocurra cualquier tipo de problema.
- Utilicemos el sentido común. Las contraseñas de administrador deben ser complicadas y únicas, no podemos guardarlas en sitios no seguros, no podemos facilitarlas por correo electrónico, etc. Además, será conveniente visitar nuestra propia página de manera periódica para comprobar que todo está bien.

Lo que deseo transmitir en este breve punto es de la importancia de tener una página mínimamente protegida, porque este tipo de problemas solo resultan un verdadero quebradero de cabeza cuando ocurren, y no hay otra manera de minimizar los efectos negativos que siendo precavidos.

Recordemos que un hackeo puede significar perder el posicionamiento orgánico por el que tanto hemos trabajado e invertido.

1.11 ¿BLOG O NO BLOG? ESA ES LA CUESTIÓN

En un momento dado tendrás que decidir si en tu página web corporativa quieres tener o no un blog. Un blog es un lugar donde publicar noticias, artículos, etc. Como puedes imaginar, si quieres tener alguna posibilidad en cuanto a posicionamiento orgánico –sí, el SEO del que va este manual–, tendrás que invertir en este apartado de tu página.

Pero como no quiero que decidas porque confías plenamente en mi criterio –aunque te doy las gracias por ello, por supuesto–, voy a proponerte cuáles son, desde mi punto de vista, las ventajas y desventajas de disponer de este apartado que puede convertirse, con el tiempo, en la parte más importante de tu página web.

> ***"El apartado de nuestra web donde publicamos noticias y artículos puede llegar a ser la manera más importante por la que logremos su posicionamiento orgánico. Aun así su mantenimiento y actualización puede requerir de una gran inversión, por lo que la decisión de llevarla a cabo o no es delicada y deberemos tomarla con criterio."***

1.11.1 Ventajas

- **Posiciona tu página web.** Cuanto más contenido tengas, de más información dispondrá Google y el resto de buscadores para que aparezcas en los resultados. Ten en cuenta que es el contenido el que se utiliza por los buscadores para saber si tu información es relevante o no, así como las palabras clave por las que será interesante que te encuentren.
- **Te ayuda a lograr visitantes recurrentes.** Si tienes contenido relevante que se publica de manera periódica habrá visitantes que deseen volver para averiguar si hay contenido nuevo que pueda leer.
- **Podrás compartir temas atrayentes** en las redes sociales que lleven a tu página y no a la de la competencia. Las redes sociales son una extensión del contenido publicado en el blog. Recordemos que en estas la cantidad de texto debe ser limitado, y es en el blog donde podrás extender esa información.
- **Podrás dar un servicio añadido a tus visitantes.** El blog te ayuda a completar aquellos temas que, por otra parte, tu negocio necesita que sepan los clientes. Especificaciones de productos, preguntas frecuentes o, incluso, qué deben hacer si surge cualquier problema.
- **Te ayuda a crear una comunidad.** El blog, si está bien llevado y tiene contenido relevante e interesante para tus visitantes –centrémonos, por supuesto, en aquel que tiene que ver con tu negocio y que resulta importante en dicho contexto– puede significar una afluencia de visitantes que no solo se interesen por lo que se publica, sino que comiencen a "amar" la marca.
- **Es una vía propia para comunicar y explicar cualquier situación excepcional.** ¿Has tenido un problema de salubridad en algún momento puntual? ¿Algún medio ha publicado alguna noticia que mancha la imagen de tu negocio? Tener un canal propio para comunicarte con tus clientes puede ser muy beneficioso y un blog, si se alimenta de manera habitual,

unido a las redes sociales, es un medio muy efectivo para contrarrestar o suavizar información negativa vertida en Internet. Eso sí, mientras que en tu blog vas a poder cuidar todos y cada uno de los comentarios vertidos tras una comunicación, no ocurre igual en las redes sociales, algo a tener en cuenta especialmente si se utilizan como altavoz.

1.11.2 Inconvenientes

- **Es caro.** Publicar contenido, como puedes imaginar, cuesta, en el mejor de los casos, tiempo. Porque no es solo saber sobre lo que se debe escribir; es también hacerlo correctamente, subir los contenidos, compartirlos, hacer un seguimiento Todo ello son horas de trabajo tuyas, de tus empleados o de una empresa externa, algo que hay que valorar en nuestro presupuesto diario. Sí, tiene sus beneficios –sobre todo si se es perseverante y metódico–, pero el posicionamiento SEO comienza a dar frutos a los seis meses aproximadamente con un plan de publicación periódico bastante activo, por lo que ya puedes imaginar lo difícil que puede ser mantener el ritmo. Muchas empresas, de hecho, abandonan tras unas pocas publicaciones –la cifra se encuentra alrededor del 95%[15]–.

- **Debes tener un plan.** Y hacer un plan también cuesta tiempo. Tendremos que centrarnos en saber quiénes son nuestros clientes potenciales, sus problemas, sus aspiraciones, lo que esperan encontrar cuando buscan una solución y, por supuesto, qué grado de entendimiento tienen sobre la problemática que intentan solucionar. Es muy importante saber que, para atraerlos a nuestra página, no podemos vender nuestros productos de manera explícita, ya que muchos de ellos no van a buscar por nuestro nombre de empresa ya que lo más probable es que ni siquiera nos conozcan, sino solucionar sus problemas. Tener esto presente marca la diferencia entre un blog corporativo exitoso y uno que no lo es.

- **Hay que saber qué escribir, el tono, la forma** Cada empresa es un mundo y, como tal, debe ser consciente de cómo hablan sus potenciales clientes y de lo que quieren leer. Para ello tendremos que hacer una reflexión –lo cual nos lleva, de nuevo, a tener que invertir tiempo– para conocerles y hablarles en su idioma.

15 Cifra que comparten numerosos estudios y de las que se hacen eco medios como feveredmutterings.

1.11.3 Buenas prácticas

Si has decidido hacer un blog para tu empresa no puedes dejar pasar algunas buenas prácticas que te van a ayudar a ser un auténtico profesional en este ámbito. Recuerda: pueden parecer muchas y muy difíciles. Pero no te preocupes, llévalas a cabo poco a poco y ten en cuenta que cumplirlas es tu fin, pero hay un camino por medio que se debe recorrer con cabeza y tranquilidad.

- **Publica con periodicidad constante.** Nadie quiere entrar en un blog donde los artículos más recientes sean de hace dos meses. ¿Qué imagen damos?

- **Comparte las publicaciones.** Ya que has hecho el esfuerzo de crear un contenido de calidad no lo dejes aburrido en un rincón oscuro de Internet. Compártelo a través de las redes sociales –recuerda hacer una reflexión sobre cuáles son las más adecuadas en función del tipo de cliente, tono, etc.–, dale bombo y platillo y escucha el feedback que puedas obtener.

- **Sé un solucionador –educador–**, no un vendedor. Internet castiga mucho la publicidad, y los usuarios son cada vez más inteligentes y exigentes. Conforme pasa el tiempo se está demostrando que es cada vez más importante dar un servicio desde el minuto cero, siendo este no solo una buena manera de expandir la marca, sino de deleitar a la persona incluso antes de que compre un producto o servicio. Además, esta relación debe enfocarse al largo plazo, por lo que un contenido educativo y solucionador puede significar el inicio de una relación que no implique una sola compra, sino varias a lo largo del tiempo.

- **No publiques contenido poco relevante.** No pierdas el rumbo: un contenido lleva tiempo y, ya que se invierte, que sea para lograr algo especial. Internet está llena de artículos que no tienen profundidad, que no solucionan problemas. Y lo peor es que muchas empresas piensan que, por lo menos, algo posicionará. Y puede ser. Pero aquí se trata de invertir el tiempo bien y en maximizar la eficacia de nuestras acciones.

- **Pon links no solo a otros artículos de tu blog, sino a otros blogs de referencia.** Los buscadores como Google sabrán apreciar que te hayas informado bien y que utilices referencias, algo que proporciona calidad al texto.

- **Realiza mediciones.** Sí, puede sonar un poco aburrido, pero en este mismo manual te recomendamos algunas herramientas para saber qué contenido gusta más a tus lectores –y clientes potenciales–, qué palabras clave están funcionando mejor y, en general, qué camino hay que tomar para continuar avanzando.

- **Actualiza el contenido antiguo**. El contenido que ha pasado de moda no interesa a los buscadores[16]. De vez en cuando revisa el contenido, ponlo al día y, si puedes, complétalo. ¡Y no te olvides de comunicárselo a tus visitantes!

- **Mejor contenido largo y relevante que corto y repetitivo**. Los profesionales del SEO se han empezado a dar cuenta de algo: muchas de las prácticas que estábamos haciendo hasta ahora no eran correctas. Publicar gran cantidad de artículos de poco interés o con poca cantidad de palabras no es, en la actualidad, tan relevante. Y tiene sentido: Google y el resto de buscadores quieren que el visitante encuentre lo que busca, no un conjunto de palabras pensadas para posicionar[17].

- **Cuida los posts que actúan como "landing pages"** (páginas de aterrizaje). Hay algunos artículos que, porque son de mayor interés o porque han tenido una repercusión especial, atraen nuevos visitantes. Me refiero, sobre todo, a los que se han posicionado mejor en los buscadores y que atraen visitantes por búsquedas orgánicas[18]. Las páginas donde se encuentran estos artículos deben estar cuidadas, intentando llevar a los visitantes a otros artículos que puedan serles también de interés y, si es posible, a alguna página donde podamos invitarles a adquirir nuestros productos, nuestros servicios o que conozcan nuestros locales.

- **Crea un "content framework" o guía de contenido[19].** Se trata, sencillamente, de un índice por cada tipo de artículo que crees que puede tener que ver con tu blog corporativo, con la intención de que ponerse

16 Un artículo especialmente interesante al respecto es el escrito en el blog de Hubspot por Pamela Vaughan y que puedes leer aquí: https://blog.hubspot.com/marketing/guide–to–updating–republishing–blogging–content–ht#sm.00012zq7ldi0edq2urz2pzr6yq52n

17 En el artículo escrito en el blog de Raven tenemos información muy interesante, sobre todo en los comentarios, sobre qué se debe hacer con los posts y si estos deben expirar. Todo ello en relación con qué tipo de contenido debe haber. Puedes leerlo aquí: https://raventools.com/blog/expire–blog–posts/

18 En Semrush han tratado este tema con bastante acierto, haciendo ver que cualquier blog tiene varias "landing pages" y algunas recomendaciones de lo que debemos hacer con ellas. Puedes leerlo aquí: https://es.semrush.com/blog/optimizar–landing–pages–blog/

19 Puedes ver más información en el artículo de Hubspot sobre este tema. https://blog.hubspot.com/marketing/how–to–create–content–as–an–amateur–writer

a escribir sea más fluido al saber siempre cómo comenzar. Aunque requiere de un poco de esfuerzo inicial, será siempre un ahorro de tiempo a largo plazo, además de que proporcionará homogeneidad a la web y, en ocasiones, también será de gran ayuda para que terceras personas escriban para nosotros.

Lo anterior está enfocado a un mundo ideal, aunque no siempre tenemos todos los recursos necesarios para conseguir el máximo potencial sin llegar a ser interesante dejar de crear un blog corporativo. Cuando nos encontramos en este punto debemos plantearnos seriamente qué tipo de sector estamos trabajando –maduro o no maduro, cantidad de competencia, etc.–, así como la audiencia que nos va a leer o consultar.

Muchos de los profesionales en SEO recomiendan de manera sistemática, quizá porque es una manera de cobrar más al cliente, publicar mucho contenido. A pesar de ello yo recomiendo siempre saber dónde nos encontramos[20], siendo los siguientes puntos los más importantes a la hora de tomar una buena decisión:

- Si nos encontramos en un sector muy novedoso y, por tanto, con poca competencia en el ámbito del posicionamiento web, la recomendación es publicar mucho contenido aunque este no sea absolutamente novedoso en todos los casos. Esto es así porque la audiencia está deseando leer cosas nuevas de estos temas –audiencia ávida de contenido–, y va a compartirlo e interesarse por él independientemente de lo novedoso del mismo. Este sería el caso, por poner un ejemplo, del sector de los coches autónomos en sus inicios. Durante los primeros años los lectores querían leer lo máximo posible ya que el propio sector era novedoso, independientemente de que en un artículo se hablara de la velocidad punta de un coche autónomo de alta gama y en el siguiente de la velocidad punta de un coche autónomo de gama media. Ambos artículos, a pesar de contar información similar, habrían tenido una repercusión elevada y, probablemente, se habrían compartido.

- Si nos encontramos en un sector maduro –que, generalmente, suele estar muy copado en el ámbito del posicionamiento web– estaremos obligados a publicar menos contenido pero muy novedoso, ya que en caso contrario nuestra audiencia potencial no lo va a ver interesante. Además, de esta manera no solo destacaremos frente a la competencia, sino que lograremos

20 En este sentido Content Marketing Institute me da la razón en su artículo dedicado a este tema: http://contentmarketinginstitute.com/2018/01/improve–content–marketing–2018/

maximizar las probabilidades de que el mismo sea compartido. Este sería el caso, por poner un ejemplo, de un restaurante, donde publicar un artículo sobre cómo hacer arroz blanco no solo va a tener muy difícil posicionarse, sino que no va a ser compartido por ningún usuario de nuestra audiencia potencial. En cambio, crear un artículo de calidad sobre cómo evitar perder las vitaminas al cocinar cada tipo de alimento –que sería un artículo más novedoso y trabajado, posiblemente con varios días de construcción detrás– creará más interés y, por supuesto, logrará un grado potencial de compartición mayor.

- Si nos encontramos en un sector donde prima la reacción ante acontecimientos de actualidad, la rapidez es más importante que la calidad, la longitud de los artículos y el grado de perfección de los mismos. En un sector de estas características llegar tarde implica no tener ningún tipo de repercusión, por lo que es conveniente incluso revisar las faltas tipográficas con posterioridad a su publicación. Es el caso, por ejemplo, de un medio de comunicación local, donde una noticia de sucesos deja de tener importancia con el paso de unas horas.

2

SEO EN LA PÁGINA WEB: LO BÁSICO

2.1 INTRODUCCIÓN

Este apartado es, desde mi punto de vista, el más divertido de todo el manual. Aquí quiero demostrar que no todas las acciones deben ser realizadas por un profesional, y que el SEO más básico, aquel que ninguna página web debería dejar pasar, está en nuestras manos. Además, también nos va a dar una información y visión suficiente para negociar con terceras empresas si estamos valorando externalizar este servicio.

En este capítulo se tratarán aquellos puntos que pueden ser modificados con relativa facilidad, sobre todo si nuestra página web tiene un gestor interno de contenido. Una buena página web es aquella que es dinámica, por lo que debes dedicarle un mínimo de tiempo a la semana. La inversión merece la pena.

"El SEO más básico de la página web podemos modificarlo, con pocos conocimientos técnicos, nosotros mismos. Aprender las buenas prácticas a la hora de subir contenido y compartirlo, así como la organización básica que debe tener y los objetivos que debemos lograr, puede ser suficiente para encontrarnos por encima de la competencia."

Los puntos tratados son los más básicos –recuerda el nivel del manual que estás leyendo, y que si necesitas profundizar un poco más deberás acudir a otro que se enfoque a personas un poco más técnicas–, para que puedas aplicar aquellos que son indispensables para que el posicionamiento sea el adecuado. Si quieres profundizar tienes miles de artículos desperdigados por Internet, pero este punto de partida es perfecto –y, en la mayoría de los casos, suficiente– para aterrizar en este mundo.

Además, muchos de los puntos tratados no están enfocados estrictamente en el SEO, pero sí en la experiencia del usuario –tu cliente potencial–, lo que tendrá repercusión indirecta en el posicionamiento orgánico.

2.2 NO HAY QUE ENSEÑAR NUESTRO PRODUCTO, TIENEN QUE QUERER VERLO

Si queremos llevar a cabo una buena estrategia de SEO debemos cambiar nuestro modo de pensar. La mayoría de las acciones que recomendamos están enfocadas, por la propia naturaleza del SEO a que nos encuentren por medio de las búsquedas. El problema que poseen muchas empresas es que mantienen una mentalidad tradicionalista enfocada a "dar a conocer" su producto. Y eso está bien. Pero podemos, y debemos, dar un paso más.

En concreto es necesario lograr que sea nuestro propio cliente el que nos busque, el que nos necesite. Parece algo imposible, ¿verdad? Pero de lo que no nos damos cuenta es de que Internet y, en general, la nueva manera que tenemos de comunicarnos, nos brinda la oportunidad de lograr esa estrategia "pull"[21] de marketing que nuestra empresa necesita. Porque si logramos 'darnos a conocer' y promovemos 'que nos encuentren' estaremos teniendo el doble de posibilidades para obtener nuevos clientes. Y superaremos a la competencia.

> ***"Debemos pasar de tener una mentalidad basada en dar a conocer nuestro producto a otra que se centre en solucionar los problemas de nuestros clientes potenciales. De esta manera, una vez nos encuentren, tendremos la mitad del camino ya recorrido debido a que es él mismo el que ha descubierto que nos necesita. Ya no es necesario convencerle de nada."***

En este sentido, aunque la creatividad es nuestra mayor arma, voy a daros algunas ideas que hacen uso del SEO y del marketing online para lograr este objetivo. Y, como este manual está enfocado a pequeñas y medianas empresas, voy a centrarme en las recomendaciones que más se ajusten a este tipo de compañías.

---

21 Estrategia de marketing que busca atraer al cliente potencial al producto o servicio propiciando que sea él quien lo busque, quien lo pida. Se diferencia de la estrategia tradicional "push", dirigida a los canales de distribución que dan a conocer y hacen llegar el producto o servicio a los clientes.

- **Contenido relevante y único.** Se trata más en profundidad en otros puntos del manual, pero es de recibo mencionarlo también en este punto. Será más sencillo que encuentren nuestro negocio cuanto más relevante sea el contenido que publiquemos, contenido que llevará al cliente potencial a entender que somos nosotros la mejor opción a la hora de escoger un proveedor para cubrir su necesidad. En el caso de un restaurante, y como mero ejemplo, podrían ser tendencias gastronómicas, comidas tradicionales, tendencias de comida sana, etc.

> ***"El contenido es la clave para cualquier página web, ya que será una de las pocas maneras que tendremos para atraer a nuestros potenciales clientes y de situarnos por encima de la competencia."***

- **Descubre problemas y proporciona soluciones.** Parte del contenido que debes hacer, con la intención de que sea el cliente el que te necesite a ti y no a otra empresa, es ayudarle en sus problemas. Un cliente potencial al que se le ha solventado un problema es más cliente que potencial, puesto que ya posee un contacto inicial con tu empresa y este ha sido satisfactorio. En el caso de un restaurante podríamos enfocarlo a cómo hacer una receta, trucos para obtener buenos resultados en la cocina, etc.

- **Aparece en Google Maps** –Google My Business– y herramientas similares como Tripadvisor. Un cliente potencial de la zona puede estar necesitando un restaurante, por poner un ejemplo, y una de las maneras de buscar las posibilidades que tiene para saciar su hambre es a través de los buscadores y mapas. Aparecer en google maps y similares –como tripadvisor– es, en este sentido, básico. En estos medios, además, es muy importante tener buena presencia –fotos adecuadas, votaciones positivas, etc.–, perfil que deberemos cuidar.

- **Da facilidades (tipo manuales, etc.).** Una buena manera de lograr los emails de tus clientes –algo que será conveniente con posterioridad para poder enviarles emails o comunicaciones de otras características– es ofrecerles algún tipo de manual o recurso similar que tengan que descargarse previa aceptación de unos términos y condiciones y, por supuesto, del envío de su email. En el caso de una pequeña empresa como un restaurante puede ser suficiente la promesa de unas recetas únicas tradicionales o de cómo hacer para no desperdiciar nada de comida. Este tipo de contenido no solo nos facilitará estar en contacto directo con nuestros potenciales clientes, sino que además nos permitirá darles algo que aprecian, que tiene valor para ellos, y que se trasladará a nuestra marca.

- **No tengas miedo de 'descubrir' tus secretos**, por lo menos aquellos que sean comunes a todo el sector. No nos engañemos, si no se lo explicas tú lo hará otro. La diferencia es que quien lo cuente estará demostrando su profesionalidad, por lo que será más probable que se lleve el cliente. ¿Quién va a querer a un proveedor distinto del que está enseñando cómo se deben hacer las cosas?

2.3 CONTENIDO DE CALIDAD Y PALABRAS CLAVE

Lo primero que debes saber es qué palabras clave son las que utilizan tus clientes potenciales. ¿Qué les interesa? ¿Qué están buscando cuando van a tomar la decisión de ir a un restaurante? ¿Qué les motiva a dar el paso final?

2.3.1 ¿Cuál es mi cliente potencial?

Lo primero que debemos identificar es a nuestro cliente potencial, aquel al que nos estamos dirigiendo con todas y cada una de las acciones que llevamos a cabo. Es importante que estas se encuentren alineadas para el mismo tipo de cliente –lo trato en singular con intención de simplificar los ejemplos aunque, con posterioridad, hagamos grupos con características comunes–, ya que en caso contrario estaremos enviando una idea confusa que puede llevar a reducir las ventas. Por tanto debemos pararnos a pensar y dedicar tiempo a identificar los tipos de clientes que intentamos atraer para que entren en nuestro local, bien sea real o virtual.

"Tener bien identificado a nuestro cliente potencial es clave. Detenerse en este aspecto y hacerlo correctamente puede significar el éxito o fracaso no solo de nuestras acciones dentro del márketing digital, sino de nuestro negocio al completo."

Elegir correctamente al cliente no significa, por mucho que nos atraiga la idea, que todas las personas existentes en el mundo vayan a ser susceptibles de entrar en nuestro local. Esta idea no es válida ya que no podremos centrar nuestra energía –y dinero– en captar la atención y cubrir las expectativas de personas que son muy distintas entre sí. La zona en la que viven, el salario medio, la edad o, incluso, el género, son algunas de las características que deberemos tener en cuenta.

Si creemos tener claro cuáles son nuestros clientes potenciales será conveniente segmentarlos por grupos con características y motivaciones similares. Un pequeño truco para comprender realmente las preocupaciones de nuestros clientes potenciales, teniendo en cuenta que los hayamos elegido correctamente y que estemos enfocando nuestro negocio de manera adecuada, es hacernos estas tres sencillas preguntas[22]:

- ¿En qué piensan nuestros clientes potenciales cuando se levantan por la mañana?
- ¿En qué piensan nuestros clientes potenciales justo antes de irse a dormir por la noche?
- Y, ¿por qué?

Estas tres simples cuestiones nos pueden ayudar mucho a situarnos, saber qué mueve su vida y a enfocar tanto nuestro tono como nuestro contenido de manera correcta.

2.3.2 Las palabras clave

Si ya tenemos claro cuáles son nuestros clientes potenciales estaremos en condiciones de averiguar qué palabras clave son las que identifican a nuestro negocio. Para ello, en primer lugar, deberemos ponernos en la piel de estas personas con la intención de encontrar las que son más obvias y poder comenzar con una base. ¿Qué escriben en los buscadores cuando necesitan un restaurante como el nuestro? ¿Qué estaban haciendo cuando nos han conocido? ¿Por qué se han decidido a ir a un restaurante de la competencia?

> ***"Nuestros clientes se rigen, en la mayoría de los casos, por las sensaciones, no por la razón. Este es el primer problema sobre el que deberemos reflexionar, y realizar un estudio –preguntando incluso a clientes de confianza– para averiguar ciertos aspectos que son cruciales a la hora de encontrar las palabras clave."***

22 Una idea valiosa y original extraída del artículo desarrollado en Content Marketing Institute en la siguiente dirección: http://contentmarketinginstitute.com/2017/07/hacking–buyer–personas/

Hay que tener en cuenta que son muchas las vías por las que podemos llegar a nuestros clientes, y que muchas de ellas no son tan obvias como cabría esperar. A veces son las redes sociales las que han hecho que nos conozcan, o la búsqueda de un tipo de decoración a la hora de elegir el lugar donde celebrar una reunión. Sea lo que sea será muy importante poder identificarlo para explotarlo con posterioridad.

Como aclaración, en la actualidad se entiende por palabra clave o Keyword no a una palabra en particular, sino a una cadena de palabras. Esto es especialmente interesante porque cada palabra, como podremos imaginar, tiene una competencia en función del interés que exista por la misma. No es lo mismo una palabra en la que tienen interés diez empresas que otra en la que hay detrás un millón intentando utilizarla para posicionarse. Tiene todo el sentido. Si analizamos la palabra "restaurante" descubriremos que existen detrás miles y miles de empresas que tienen interés en posicionarse a través de la misma, mientras que si escribimos "restaurante oriental en Alicante" habrá muchas menos y será, por tanto, más sencillo lograr un buen posicionamiento. Valorar bien la competencia existente dentro del ámbito de las palabras clave es muy importante para no dedicar energía y dinero a algunas en las que será imposible obtener un resultado satisfactorio.

Algunas decisiones que pueden tenerse en cuenta en estos aspectos pasan por añadir a las palabras que puedan ser interesantes para nuestros clientes potenciales otras que limiten la búsqueda –el nombre de la localidad donde nos encontramos, características específicas de nuestro producto en dentro del sector, etc.–. Con ello estaremos reduciendo la cantidad de personas que nos pueden encontrar, pero como contrapartida lograremos un posicionamiento más rápido y con menos esfuerzo. No es recomendable cadenas con más de cuatro palabras ya que, cuantas más sean a partir de ese punto, más improbable es que nuestros clientes las escriban.

2.3.3 Tipos de palabras clave

Las palabras clave son un mundo en sí mismas. Podríamos hacer una manual solo sobre ellas, pero aquí únicamente quiero transmitir una idea general que te ayude en una negociación y que te permita, si deseas indagar un poco más, estar "sobre la pista" y poder hablar con propiedad.

Existen dos tipos de palabras clave: las que son comunes a toda tu página web y las que se enfocan a un tema –o problema– concreto que tus potenciales clientes necesitan resolver.

En el primer caso, en el de las palabras claves comunes a toda la página web –también conocidas como palabras clave secundarias– nos referimos a aquellas con las que queremos posicionar nuestra página. Generalmente son palabras bastante disputadas con las que iremos logrando poco a poco posicionarnos conforme vayamos publicando contenido. El mismo permitirá a los buscadores entender que nuestra página es cada vez más relevante y nos irá premiando por ello.

Aun así debemos tener cuidado, ya que la elección de una palabra clave secundaria puede significar el éxito o fracaso de nuestra acción en el SEO en particular y en el márketing online en general. Al ser una decisión sobre la que no vamos a poder realizar mediciones realistas hasta que no pase un tiempo medianamente largo –no se recomienda cambiar la línea de acción dentro de este ámbito hasta pasados seis meses, tiempo suficiente para que el posicionamiento se vaya haciendo efectivo– una elección errónea puede significar perder un tiempo precioso. Si nuestras palabras tienen una competencia demasiado alta o, si por el contrario, no poseen prácticamente búsquedas, estaremos perdiendo el tiempo y el dinero.

"La elección de las palabras clave es crucial, por lo que deberemos dedicar todo el tiempo que necesitemos para no equivocarnos. Un estudio realista y profesional puede significar tener éxito en el futuro o, por el contrario, fracasar estrepitosamente. No escatimemos a la hora de invertir tiempo en este tema, ya que es el pilar fundamental de nuestro plan de posicionamiento."

En el segundo caso, en el de las palabras que intentan dar una solución a las búsquedas concretas de nuestros clientes –también conocidas como "long tail" por ser cadenas más largas–, el posicionamiento es más sencillo de lograr ya que la probabilidad de que se escriban en los buscadores es más baja. El volumen de búsquedas es, por tanto, menos elevado, pero responden a un problema en concreto de nuestro cliente potencial. Son palabras perfectas para nuestros artículos y posts, por lo que deberemos tenerlas claras a la hora de redactar nuestro contenido.

2.3.4 ¿Qué busca un usuario al poner una palabra clave?

Al elegir nuestras palabras clave debemos tener en cuenta alguna cosilla más que puede resultar de utilidad para no dedicar recursos a algo que no va a tener ningún tipo de retorno. En concreto me estoy refiriendo a la intención que tienen los usuarios –y por ellos me refiero a la mayoría que escriba una palabra clave en concreto– cuando realizan esta búsqueda.

El primer ejercicio que debemos hacer es de reflexión. ¿Estamos eligiendo palabras que utilizarían los usuarios a los que queremos atraer, o puede que estos sean solo la minoría? Un ejemplo para entender este concepto puede ser la palabra clave "Paella", donde la persona que la escribe en un buscador puede tener, entre otras, estas intenciones:

- Saber cómo hacer una paella. En este caso lo que el usuario espera encontrar es una receta, consejos o, incluso, un vídeo, que le ayuden en su propósito.
- Un restaurante donde hagan buenas paellas. El usuario espera encontrar recomendaciones locales sobre restaurantes dedicados a esta finalidad o, incluso, un mapa con los puntos más relevantes cerca de donde se encuentra.

Si nuestro negocio se centra en cocinar las mejores paellas puede que, aunque los atraigamos por otras vías complementarias, no merezca la pena dedicar recursos a hacer que los usuarios del primer tipo entren en nuestra página web. Se trata, por tanto, de un punto interesante si queremos valorar esta palabra clave como parte de nuestra estrategia de SEO.

Esta intención de los visitantes tiene un espejo técnico –los resultados en el buscador– que son los que, a la postre, van a hacer que nuestro negocio pueda llegar a aparecer en la primera página o, directamente, lo tenga imposible. Lo más adecuado en estos casos es realizar la búsqueda de la palabra clave que estamos estudiando –hay que recordar hacerlo con un buscador en modo incógnito para evitar que reconozca información de las cookies que están alojadas en nuestro ordenador, tablet o teléfono– y clasificar el tipo de resultados que aparecen[23].

> *"La intención con la que los usuarios realizan las búsquedas es muy importante para entender si las palabras clave sobre las que vamos a trabajar nuestro posicionamiento van a ser efectivas o no."*

El trabajo quedaría como el que puede verse a continuación en función del ejemplo comentado:

23 Al respecto la página searchengineland hizo una serie de reflexiones que resultan interesantes para ampliar la información: https://searchengineland.com/shot–ranking–phrase–288663

Google
paella
Paella: 14 recetas fáciles
Receta
Paella - Wikipedia, la enciclopedia libre
Educación
Córdoba
Jaén
La Paella Sevilla
Huelva
La Parrala Paella restobar
Faro
Málaga
Chiringuito Alonso
Jerez de la Frontera
Cádiz
Marbella
Chiringuito Alonso
Restaurante
La Paella Sevilla
La Parrala Paella restobar
Más sitios
Cómo hacer paella de marisco fácil - Comedera.Com
Receta
Paella de marisco | Receta de paella española muy fácil
Video
104 Paella: con Pollo, Verduras, Conejo, Bogavante y Más
Receta
Receta de Paella sencilla - Karlos Arguiñano - Hogarmania
Receta
Paella de marisco - La Fallera
Receta
LaPaella.net – Receta de la Paella Valenciana, Paella de marisco y
Receta
Receta Paella Valenciana | LaPaella.net – Receta de la Paella
Receta
Paella en El Comidista EL PAÍS
Otros

Como podemos observar, el buscador –en este caso Google– entiende que el usuario necesita una receta, y no que está buscando una paella hecha por un restaurante. Por esta razón prioriza todos los resultados que tienen que ver con hacer una paella.

En este caso, y si somos un restaurante, parece que posicionarse por esta palabra clave no es una buena opción porque será difícil lograr una conversión, y todos nuestros esfuerzos serán en vano. En estos casos lo más adecuado es modificar la palabra clave en la que nos centraremos, por ejemplo a otra distinta como "restaurante de paella", mucho más enfocada a usuarios que desean adquirir el producto justo antes de ser consumido.

2.3.5 El Deep Learning lo cambia todo

Debemos entender que, aunque todo lo anterior es completamente válido a día de hoy, la implementación del "Deep Learning" –aprendizaje profundo en castellano– ha cambiado las reglas del juego en el ámbito del SEO[24]. Hemos comentado en puntos anteriores de la dificultad de "hacer trampas" en el posicionamiento web, una situación que no hará más que acentuarse con el paso del tiempo debido a esta nueva disciplina que estudia el comportamiento de los usuarios desde un punto de vista abstracto en función de sus inquietudes y necesidades.

El Aprendizaje Profundo permite a empresas como Google saber de manera abstracta qué está buscando un usuario –qué motivación real existe tras su búsqueda–, lo cual hace que no sea necesario prestar tanta atención a una palabra clave como tal sino al sentido que la misma tiene en el contexto de la búsqueda.

Por esta razón podemos flexibilizar algunas de las normas que comúnmente se han asociado al posicionamiento web –como, por ejemplo, preocuparnos por si escribimos la palabra clave en singular o plural, o si utilizamos un sinónimo u otro– y centrar nuestros esfuerzos en ofrecer una página web realmente útil para el visitante.

¿Quiere decir esto que no es necesario conocer cuáles son las buenas prácticas o los diversos consejos que, en teoría, maximizan nuestro posicionamiento web? En realidad no, y vamos a ver por qué.

---

24 Y no solo del SEO, sino del mundo online en general –incluida la publicidad contextual, una de las ramas más importantes dentro del posicionamiento de pago–. Puedes ver la punta del iceberg en este artículo de Hubspot: https://blog.hubspot.com/marketing/what–is–deep–learning

El "Deep Learning" permite a los buscadores extraer de ciertas palabras clave ideas abstractas que facilitan encontrar respuestas adecuadas a las necesidades que llevan a un usuario a realizar una búsqueda. Esto es muy útil cuando la búsqueda se centra en responder preguntas –por ejemplo "¿Cómo construir un barco de papel?"–, pero que no resulta tan eficaz tanto en situaciones muy directas en las que no cabe lugar a dudas, como en aquellas donde existen mucha competencia por resultar una palabra muy lucrativa.

Si un usuario está buscando, por ejemplo, un abogado en Alicante, escribirá "Abogado en Alicante". Estas palabras clave son directas –no hay lugar a interpretación ni a ideas subyacentes– y, además, están muy competidas, ya que todos los despachos de esa zona intentarán abordarlas para captar clientes.

Es en estas situaciones donde sigue siendo indispensable, si queremos destacar sobre la competencia, conocer qué potencia el posicionamiento y cómo debemos proceder para lograr aparecer en los primeros resultados.

2.3.6 Herramientas para hacer una buena búsqueda de nuestras palabras

Las herramientas que pueden ayudarnos en esta tarea –quizá la más delicada de todas las que tratamos en este manual, ya que de ella dependerá cuándo y dónde aparezcamos– son las siguientes:

- Para saber si una cadena de palabras es buscada o no, recomendamos Google Trends (*https://www.google.es/trends/*) o Semrush en su apartado gratuito (*https://www.semrush.com/*). En google trends, además, podremos comparar la cantidad de búsquedas de más de una cadena de palabras clave, así como establecer en qué zona realizamos el estudio.

  Un ejemplo lo tenemos en las siguientes imágenes:

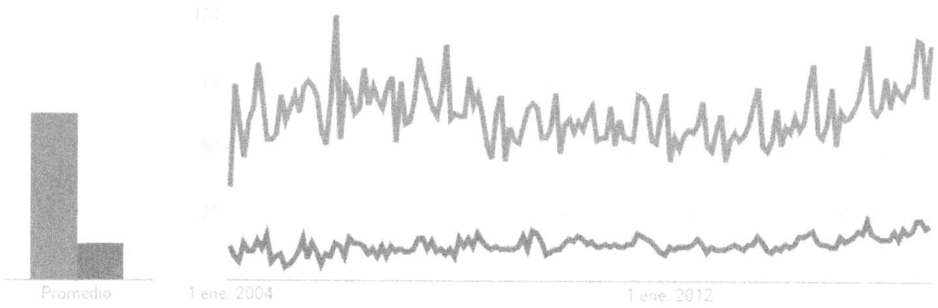

- Para saber qué competencia tiene una palabra clave –o un conjunto de ellas– en el buscador de Google –que, generalmente, es el más representativo–, puedes utilizar el Planificador de Palabras Clave de Google (*https://adwords.google.com/KeywordPlanner?hl=es*). Crear una cuenta es gratuito y de mucha utilidad. Desde esta herramienta tendremos muchas más posibilidades añadidas.

  Para saber la competencia puedes acceder, una vez estés en el planificador, a esta opción:

A continuación podrás ver el volumen de búsquedas –similar a Google trends– y te podrás hacer una idea de la competencia de cada palabra clave.

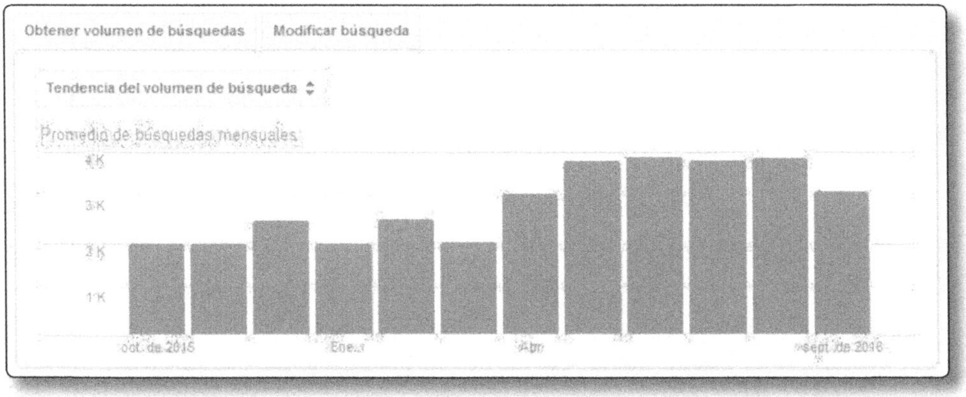

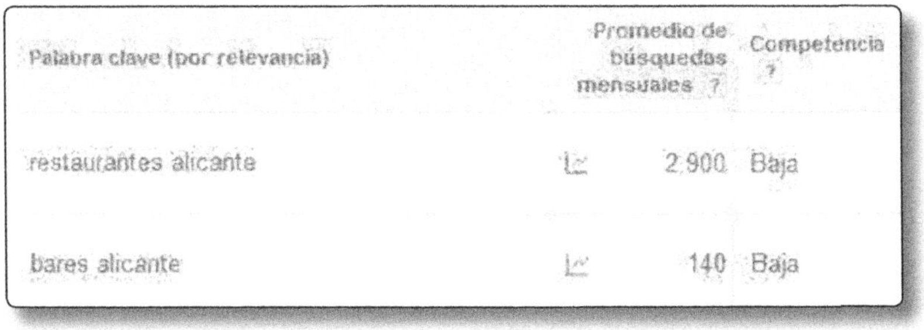

Palabra clave (por relevancia)	Promedio de búsquedas mensuales ?	Competencia ?
restaurantes alicante	2.900	Baja
bares alicante	140	Baja

- Por último, no podemos dejar de recomendar alguna herramienta para saber palabras clave similares a otras que ya sabemos, y que nos pueden ayudar a encontrar aquellas que no se nos ocurren pero que son relevantes para nuestros clientes potenciales.

  En primer lugar volvemos al Planificador de Palabras Clave de Google, donde podremos buscar y combinar cadenas de palabras clave. Las opciones son las siguientes:

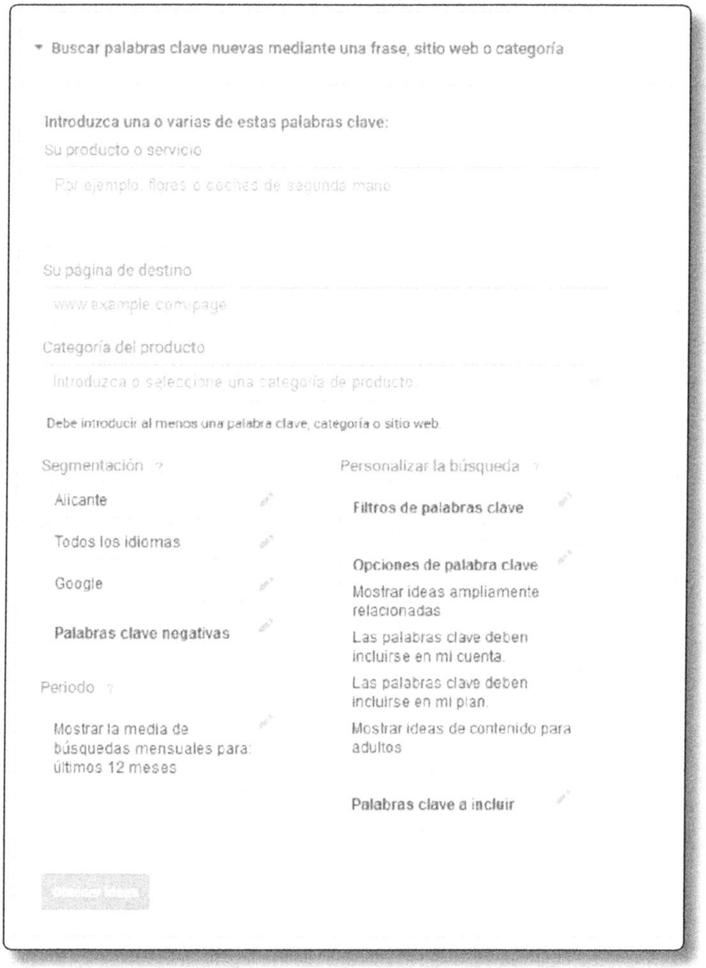

Informando las opciones mostradas por la aplicación –página web, categoría del producto, etc.– obtendremos algunas posibilidades interesantes que deberemos valorar conjuntamente con el resto de herramientas comentadas.

Con lo anterior tendríamos un mínimo aceptable, aunque sería adecuado complementarlo con otras herramientas existentes –como por ejemplo un estudio de palabras que tienen una tendencia similar a las que nos interesan–, pero como el objetivo del presente manual es dar una imagen general de la situación y cubrir el mínimo que todas las empresas deben tener en cuenta no me extenderé más en este tema.

2.3.7 El contenido relevante

El siguiente paso, una vez que tenemos las palabras que utilizan nuestros clientes para encontrarnos, será publicar en nuestra página contenido relevante para que nos encuentren por las mismas. Artículos, recomendaciones, guías En este punto vamos a ver dos líneas de actuación: por un lado sobre qué escribir y, por otro, cómo hacerlo para cumplir los estándares SEO.

En relación a sobre qué debemos escribir, y aunque parezca un imposible lo que voy a explicar a continuación, es muy importante cambiar el chip sobre nuestro "POR QUÉ" –por qué escribimos, se entiende–. Hasta ahora, las acciones de la mayoría de las empresas están encaminadas a vender más y, si acaso, informar a los clientes sobre lo que de verdad les interesa. Pues bien, tengo malas noticias: tenemos que cambiar estas razones y darles la vuelta. En pocas palabras, debemos contar a nuestros clientes lo que DE VERDAD quieren leer y, después, pensar en que se interesen por nuestro negocio. Y es que es imposible, en un mundo rápidamente cambiante en el que la publicidad nos rodea a todas horas, lograr que una persona se fije en nuestro mensaje si lo único que pretendemos es que nos compre.

Esta idea está muy bien transmitida en varios artículos de la web especializada "Content Marketing Institute"[25] –aunque podría dar muchos otros ejemplos como los nombrados en Hubspot o cualquiera de las webs dedicadas al SEO–. En mi caso concreto me ha sucedido con varios clientes que, después de hacer un gran esfuerzo, han logrado cambiar el motivo de su contenido de la mera venta a la información real.

Un ejemplo lo tenemos en una gran compañía electricista que pasó de escribir sobre lo buenos que eran –con frases como "los mejores electricistas de la ciudad" y similar– a explicar, paso por paso, cómo se hacían muchas de las reparaciones que efectuaban, dejando claro su profesionalidad y que eran, claramente, unos expertos. Que los clientes potenciales que aterrizaban en ese tipo de contenidos contactaran con ellos era cuestión de tiempo, y la facturación por contactos vía web aumentó exponencialmente. Al fin y al cabo, ¿quién iba a querer contratar a cualquier otro electricista si esta empresa se encontraba demostrando que realmente sabían lo que hacían?

Muchos de estos visitantes lograban la información suficiente como para realizar las reparaciones por ellos mismos –evitando, de esta manera, contratar a ningún profesional–, pero no debemos engañarnos: esta información la habrían

25 Si tienes inquietud puedes leer el artículo completo en la dirección http://contentmarketinginstitute.com/2017/07/content–marketers–why–lacking/.

obtenido de cualquier otra manera si no se la hubieran dado mis clientes. La dirección de la empresa se llevaba las manos a la cabeza cuando comenzamos a publicar este tipo de artículos que "destripaban" su negocio, lo cual les llevaba a poner en entredicho la estrategia que estábamos ejecutando –que, además, no estaba siendo barata–. Evidentemente requirió de un "salto de fé" por parte de la empresa pero, una vez dado y con los números sobre la mesa –varios meses más tarde, evidentemente, ya que el posicionamiento web requiere de tiempo para que comience a dar resultados– demostró su efectividad. Hasta el punto de convertirse en el referente online[26].

Por tanto, en primer lugar, si nos estamos planteando utilizar contenido para obtener posicionamiento, debemos cambiar nuestra mentalidad empresarial y ofrecer al visitante lo que de verdad le puede resultar de utilidad. Como ejemplo ilustrativo, en el caso de un restaurante y como ya hemos comentado anteriormente, podemos nombrar la posibilidad de comentar recetas, explicar diferencias entre platos en función de la zona, desarrollar la cultura gastronómica de nuestra localidad –incluso nombrando a la competencia, lo cual va a dar mucha veracidad a nuestros textos porque demuestra nuestra imparcialidad– o comentando los beneficios para la salud de los distintos platos. ¿Estamos vendiendo? No de manera directa, pero sí damos una sensación de profesionalidad y experiencia tan elevada que cualquier visitante querrá probar nuestra comida.

En relación al apartado más técnico las recomendaciones a tener en cuenta son las siguientes:

- **Que el contenido tenga más de trescientas cincuenta palabras**. Algunos expertos y especialistas SEO comienzan a recomendar cuatrocientas debido a los indicios y resultados que estamos viendo –o incluso más–. En caso de tener menos cantidad, Google y el resto de buscadores lo considerarán poco relevante y no lo tendrán en cuenta –o lo tendrán, pero penalizado– a la hora de posicionarlo. Aun así, la calidad debe primar siempre sobre la cantidad, aunque deberemos completar un mínimo de palabras para que comience a ser interesante para los buscadores. El equilibrio es difícil. Tanto, que las empresas más importantes del mundo siguen haciéndose esta pregunta día tras día[27].

26 En la misma línea tenemos la publicidad nativa. Si queremos profundizar en estos conceptos podemos leer el blog en español de SemRush con artículos como el siguiente: https://es.semrush.com/blog/que–es–publicidad–nativa/

27 Hubspot sigue publicando sobre este tema que obsesiona a todo aquel interesado en el SEO. Una gran explicación sobre ello se puede leer en su post al respecto: https://blog.hubspot.com/marketing/blog–strategy–quality–quantity

- **Cuida la ortografía**. Escribir bien no sirve exclusivamente para que al lector no le sangren los ojos, sino también para que los buscadores entiendan que es un contenido correctamente escrito por personas profesionales y conocedoras del tema.

- **Utiliza las palabras clave secundarias (las generales de tu página)**. Recuerda que cada artículo debe estar centrado en una de ellas, y no en todas a la vez, con la intención de que el potencial cliente llegue al contenido que sea más importante para lo que le está interesando en ese momento. En este sentido hay muchas opiniones expertas que son contrarias entre sí, pero en general todos los especialistas en SEO terminamos llegando a la conclusión de que, para un artículo de unas trescientas cincuenta palabras, las cadenas de palabras clave deben repetirse alrededor de tres o cuatro veces –y siempre repartidas a lo largo de todo el texto–[28]. Utilizar sinónimos es recomendable gracias a las nuevas tecnologías desarrolladas por los buscadores que las asocian a un concepto que, a pesar de encontrarse escrito de forma distinta, significa lo mismo.

- **Utiliza las palabras clave largas** –conocidas como long tail keywords–. Cada artículo debe tener una finalidad y, por tanto, una palabra clave larga que sea la que solucione la necesidad de tu visitante potencial. Estas palabras clave, al limitar las búsquedas, son más fáciles de posicionar. Deben tener que ver, como no podía ser de otra manera, con el sentido general de tu blog, y no pueden repetirse entre artículos.

- **No copies texto de otras páginas**. Los buscadores como Google reconocen el contenido copiado y lo penalizan –entienden que no es interesante y, peor aún, que no es único–, por lo que hay que ser escrupuloso en este aspecto.

- **No utilices trucos mágicos**. El contenido tiene que ser interesante por sí mismo, y cualquier recomendación que encuentres que se salga del sentido común puede que esté penalizada –y, si no lo está en el momento actual, lo estará en el futuro–.

---

28 Puedes ver un pequeño estudio sobre cuáles son las palabras clave con mayor ratio de conversión en un artículo muy interesante de Searchengineland (http://searchengineland.com/study–shows–search–terms–worst–best–clickthrough–rates–267789).

"No lo olvides. El contenido debe estar en todas las páginas, ya que en caso contrario no estaremos dando suficiente información a los buscadores para que sepan qué hay en cada una de ellas. Así es importante que el mismo esté, incluso, en aquellas que constituyen directorios de productos –categorías–, landing pages, etc–. Hay que recordar que siempre hay algo que decir interesante sobre lo que estamos mostrando, y si se encuentra bien presentado cualquier página permite su existencia."

Empresas como Zalando han utilizado la columna izquierda para poner el contenido que indexarán los buscadores para posicionar la página. Imagen extraída de la página web de Zalando en diciembre de 2016 con fines educativos.

2.3.8 Los vídeos, más importantes de lo que creemos

Desde hace unos años los vídeos se han convertido en el contenido más consumido por los usuarios de Internet –en concreto, en 2017 más de tres cuartos de todo el tráfico de Internet[29]–. Empezar con esta idea puede asustar a cualquier negocio y, aunque decidamos no hacer nada al respecto, sí que es posible darle la vuelta y convertirlo en un factor que nos diferencie con rapidez de nuestra competencia.

Como se trata de un tipo de contenido que no es objeto de este manual no vamos a dedicar mucho espacio al mismo, pero transmitir esta idea es primordial para tenerla en cuenta dentro de nuestra estrategia online. Un vídeo no solo ilustra y complementa un texto escrito, sino que además es mucho más compartido en las redes sociales y resto de canales online. Si podemos estandarizar el proceso por el que producimos este contenido logrando un mínimo de calidad –uso de trípode en situaciones fijas, luz adecuada, sonido con una calidad mínima y algún truco añadido– podremos dedicar poco tiempo y mejorar exponencialmente la repercusión de nuestras publicaciones.

Como ejemplo ilustrativo, en el caso de un restaurante puede ser muy sencillo proponiendo recetas –explicándolas paso a paso–, micro trucos de cocina –vídeos cortos donde se comente algo sorprendente y útil para cualquier familia– y otros cortes que puedan ser interesantes y con los que los clientes potenciales empaticen.

> ***"Los videos se han convertido en el contenido más consumido en Internet. Los buscadores son conscientes de ello, premiando el posicionamiento de aquellas páginas que los utilicen como herramienta para transmitir información. Al tratarse de un soporte más complejo que el medio escrito puede ser una buena manera para diferenciarnos de la competencia si logramos estandarizar y simplificar el proceso de creación del mismo."***

2.3.9 Vídeos: cómo enfocarlos correctamente

Los vídeos son el futuro si queremos confeccionar contenido que sea atractivo para los usuarios. Aun así no es suficiente con publicar un vídeo cualquiera, siendo necesario hacerlo de manera que pueda ser compartido y que, en general, cumpla un mínimo de calidad como para que los usuarios lo encuentren interesante.

Para ello es posible nombrar algunos puntos que pueden ser de ayuda si nuestro negocio es susceptible de lograr repercusión por esta vía, aunque todos

---

29 Es un dato que asusta, pero está contrastado. Te recomendamos el artículo publicado en Hubspot al respecto en https://blog.hubspot.com/blog/tabid/6307/bid/29075/12–tips–to–instantly–enhance–video–production–quality.aspx.

ellos quedan supeditados, como no puede ser de otra manera, al tipo de negocio que tengamos y al público al que van dirigidos.

- Escribe lo que vas a grabar antes de hacerlo. Tener las ideas claras es indispensable si deseamos transmitirlas con claridad y concisión. En caso contrario es posible que tardemos más de lo inicialmente pensado debido a que, con posterioridad al inicio de la grabación, nos daremos cuenta de que hay algo erróneo o mal estructurado. La improvisación no es sinónimo de frescura, sobre todo si no somos profesionales del medio.

- Cuenta una historia, y procura que esta sea comprensible por el tipo de usuario al que va dirigido el vídeo. Ligado al punto anterior, es muy importante tenerla por escrito, sobre todo si queremos evitar dejar puntos al aire que pueden darnos quebraderos de cabeza.

- Intenta tener en cuenta las emociones de tu público, y trata de alcanzarlas con sutileza –para no parecer que las aprovechas para vender– pero con firmeza. Tener claro cuáles es tu público es indispensable para acertar en esta reflexión y, a la postre, hacer un vídeo exitoso.

- Ten en cuenta qué tono debe tener el vídeo en función de tus clientes potenciales. En general, es más adecuado el tono informal que el formal, y los toques de humor suelen ser bien recibidos en este tipo de comunicaciones. Aun así, como siempre, será conveniente adecuarlo a nuestro público objetivo y a la imagen de marca que deseamos transmitir.

- Si tiene voces grábalas con un dispositivo de calidad y, a ser posible, introdúcelas con posterioridad en el vídeo. De esta forma podrás hacerlo en un ambiente sin ruido y controlado, de forma que se entenderá todo con mayor claridad y lograrás transmitir el mensaje de manera más eficaz. Esto es especialmente interesante en el caso de que se trate de un narrador, aunque puede tenerse en cuenta también en otras situaciones.

- Cuidado con la música de fondo. Ten en cuenta que, al igual que lo sucedido con las imágenes, deberemos ser conscientes de que la música utilizada deberá encontrarse libre de derechos, o bien habremos de haber pagado por los mismos. En su elección tendremos que tener en cuenta, igual que a la hora de hablar, del tono esperado tanto por nuestros clientes potenciales como por el propio vídeo.

- Utiliza subtítulos, no solo porque es moralmente adecuado, sino porque existen usuarios que pueden estar viendo el vídeo en un lugar en el que no se puede activar el sonido –o hay mucho ruido como para entender lo que se dice–. Así mismo, algunas redes sociales en las que puede aparecer desactivan el sonido por defecto hasta que el usuario lo desee, otro caso en el que el mensaje puede no llegar adecuadamente en caso de faltar esta opción.

- Color e iluminación. Es cierto que las limitaciones que podemos tener son muy elevadas, pero no tenemos por qué obviar estos aspectos en la medida de nuestras posibilidades. Tratar de grabar en un lugar con buena iluminación –o mejorarla nosotros mismos– ayudará a que el video tenga un contraste y aspecto adecuado. En relación al color no solo podemos tenerlo en cuenta cuando compongamos la escena, sino también con posterioridad añadiendo los filtros necesarios para adecuarlo a nuestras necesidades. La mayoría de programas de uso personal permiten este tipo de retoques, y el resultado puede hacer que sea mucho más profesional.

- Transmite cercanía. Lo peor que podemos hacer es que nuestros vídeos sean impersonales, porque en ese caso estaremos abriendo todavía más la brecha entre el cliente potencial y nuestra empresa/marca. Una buena manera de lograrlo es incluyendo elementos que resulten cercanos para ellos, así como personas físicas –que no solo sea una voz en off, sino que aparezca una persona real– con la que puedan empatizar y sentirse identificados.

- Sé constante con la imagen que transmites. Al igual que con los artículos de tu página, al crear vídeos estás generando unas expectativas en tu comunidad online. Por ello es necesario mantener la periodicidad que se espera de tu empresa en dichas publicaciones.

- No te olvides de la conversión. Si el vídeo está enfocado a lograr una visita a tu web pon un botón que lo facilite. Si tiene como objetivo vender un producto proporciona un link y la información necesaria para que el espectador no tenga que trabajar para encontrarlo. En pocas palabras, no des por hecho que el visitante va a perder tiempo para hacer lo que tú quieres que haga.

2.3.10 Si publicas vídeos díselo a los buscadores

Te has decidido a publicar vídeos conforme al punto anterior, pero si queremos maximizar el impacto no podemos quedarnos ahí: debemos decírselo a los buscadores. En el caso de Google puede parecer suficiente con subirlo a YouTube –que es de su propiedad– y poner el link en nuestro blog, pero es necesario dar un paso más.

Los vídeos, de la misma manera que sucede con las imágenes, contienen cierta información que los buscadores no pueden catalogar. Por esta razón es adecuado facilitarles la misma para que el rastreo sea completo y nos ayude lo máximo posible. Así, deberemos tener en cuenta lo que sigue:

- Rellenar toda la información posible durante la subida de los vídeos. Etiquetas, título completo, descripción, temática son solo algunos de los puntos que hay que informar de manera correcta.
- Inserta los vídeos dentro de textos que tengan que ver con el mismo, de forma que el mismo ayude a contextualizar las imágenes y sonidos que van a ver nuestros visitantes.
- El visitante no debe salir de nuestra página para ver el vídeo, o bien el mismo se debe abrir en una ventana distinta. Esto es crucial si deseamos mantener al visitante en nuestra página más tiempo, estadística que se tiene en cuenta por los buscadores para saber si es interesante el contenido.
- Si propones vídeos relacionados interesantes, haz que estos se encuentren a disposición de los visitantes dentro de otra página dentro de tu misma web. De esta forma reduciremos la tasa de rebote.
- Transcribe lo que aparece. Los vídeos pueden tener mucha información interesante aunque difícilmente rastreable por los buscadores. Aunque este punto se irá diluyendo conforme pase el tiempo, es conveniente facilitar la labor a los motores de búsqueda. Además, estaremos ayudando a personas con dificultad auditiva o que, incluso, no pueden escuchar el audio al encontrarse en un lugar que no permite el sonido[30].

2.4 TENGO UNA PEQUEÑA EMPRESA Y NO SÉ SOBRE QUÉ ESCRIBIR, ¿QUÉ HAGO?

Siempre tenemos cosas que contar o, por lo menos, es una tarea que deberemos estudiar para que así sea. Encontrar nuestras palabras clave es básico para saber en qué sentido deberemos movernos, qué artículos tenemos que escribir para posicionar correctamente nuestra página y qué es interesante para nuestros clientes potenciales.

En el caso de empresas con productos/servicios y clientes fácilmente identificables el contexto es sencillo y fácilmente deducible si reflexionamos. La

30 ¿Un ejemplo? En MOZ no solo transcriben los vídeos que suben como posts, sino que dicha transcripción es el contenido en sí mismo. Puedes ver un ejemplo aquí: https://moz.com/blog/rank-in-2018-seo-checklist

pregunta es simple: ¿Qué pueden buscar nuestros clientes para que encuentren nuestra página y sientan interés en visitarnos?

Como ejemplo ilustrativo, en el caso de los restaurantes los platos, cuando son originales, son una buena forma de comenzar. Describirlos utilizando las palabras que tienen que ver con nuestro negocio –por ejemplo la ciudad en la que nos encontramos, la lonja donde se adquiere la materia prima o el estilo de comida en la que se enmarca– es una forma estupenda para que nos encuentren. Este ejemplo se puede extrapolar con relativa facilidad a otros modelos de negocio y sectores.

Existen, además, algunas herramientas como "answerthepublic"[31] que nos pueden ayudar a saber qué temas interesan en determinadas zonas y en relación a ciertas palabras.

2.5 LOS TRABAJADORES SON NUESTROS ALIADOS... SI TENEMOS LAS COSAS CLARAS

Escribir temas interesantes sobre nuestro negocio no es tarea fácil. Y, por supuesto, no podemos dedicar mucho de nuestro tiempo a este tipo de tareas, sobre todo si queremos que el negocio avance en el resto de sus aspectos clave. ¿Qué podemos hacer para mantener contenido actualizado, relevante para nuestros lectores y de calidad? Una de las opciones es, por supuesto, que nos lo hagan los mayores expertos en nuestros productos o servicios: nuestros empleados.

Es cierto, quizá estés pensando que las personas que trabajan en tu empresa no tienen las cualidades suficientes como para hacerlo. Por eso te invitamos a que lo valores, ya que puede ser una buena manera de que se sientan más realizados aportando creatividad a la empresa.

Lo que debemos dejar claro es que, si queremos obtener buenos resultados en este sentido, deberemos crear el ambiente propicio para que llegue a buen puerto.

"Si queremos que nuestros trabajadores escriban contenido para mejorar nuestro posicionamiento web no es suficiente con decir "Escribid, que será positivo para el negocio". Al igual que lo que sucede con el Employee Branding, si no impulsamos esta actividad obtendremos pocos trabajadores que se animen a realizar esta labor de redacción y, los que lo hagan, es muy posible que terminen sacando un texto de baja calidad."

31 Puedes acceder a ella a través del siguiente enlace: https://answerthepublic.com

Las empresas que han tenido mayores éxitos y cuyos trabajadores se han encontrado interesados en aportar contenido de calidad han coincidido en realizar los pasos que describimos a continuación.

2.5.1 Creación y transmisión de un Manual de contenido

Para que el contenido creado sea uniforme y mantenga una "línea editorial" –sí, nuestro negocio debe seguirla si tenemos claro cuál es nuestro público objetivo, palabras clave y demás puntos relevantes– debemos dejar por escrito un manual de contenido. El mismo, que no tiene por qué ser muy extenso, deberá dejar claro qué tono va a utilizar nuestro negocio, cómo se va a dirigir a los visitantes –potenciales clientes– y, por supuesto, qué tipo de temas va a tratar. Además, y para facilitar la tarea, también tendrá que recoger los aspectos técnicos clave para que el texto sea adecuado –palabras clave y cómo utilizarlas, longitud mínima y máxima del texto, negritas, títulos –.

La parte más técnica es muy sencilla, no tendremos más que apuntar –de manera resumida– todos los puntos que estamos tratando en este manual.

Para la parte relacionada con el tono es recomendable seguir los siguientes pasos, que nos ayudarán a reflexionar sobre nuestro negocio, nuestros clientes y qué relación tenemos con ellos.

1. Definir nuestros atributos de marca, es decir, aquellos que forman parte del núcleo de nuestra imagen y que transmitimos a los clientes cuando entran en contacto con nuestros productos o servicios. Algunos ejemplos pueden ser: moda, sofisticado, especializado, etc.

2. Definir las palabras clave. Como ya hemos dicho hay que tener este punto claro, y así debe reflejarse en el manual. Así mismo es recomendable ayudar a comprender cómo deben utilizarse en función de lo ya expuesto.

3. Traducir los atributos de marca en adjetivos, en estilo y en tono. Como vemos a continuación, los atributos deben traducirse en un estilo específico, una guía que marque el camino a seguir a cualquier persona que redacte texto en nuestra página web. En el siguiente cuadro podemos ver un ejemplo de cómo una empresa puede transformar los atributos en estas guías concretas. De izquierda a derecha vamos concretando, de menos a más, la manera de escribir.

Ejemplo de Atributo de Marca	Tono a utilizar	Estilo
Sofisticada	Moderno, educado, formal, específico.	Autoritario, con referencias a otros autores de la misma línea, con palabras especializadas en nuestro ámbito y siempre siguiendo la tendencia actual.
Calidad	Formal, que transmita seguridad.	Uso de numerosas referencias, estilo escrito neutro –uso de pasivas, etc.–, ejemplos que demuestren con datos los puntos sobre los que se hable.
Moda joven	Informal, cercano, rápido y fácil de leer.	Tratar de "tú" al lector, con diálogos, con ejemplos de personas relevantes en la actualidad, con un vocabulario espontáneo y actual, con exclamaciones...

4. Establecer ejemplos de qué se debe hacer y qué no, de forma que nuestros trabajadores tengan claro de manera práctica, sobre todo en aquellos puntos que sean más críticos para nuestra empresa, qué significa aquello que estamos intentando transmitir con el manual.

2.5.2 Premios por escribir

Un trabajador no se va a poner a escribir, salvo en contadas excepciones, si no tiene algún aliciente. Aun así no nos engañemos; muchos tienen algo que decir y les apetece hacerlo. Además, su faceta profesional y especializada –no en vano son los que más saben no solo de nuestros productos o servicios, sino también de nuestros clientes ya que frecuentemente son la cara visible de nuestra empresa– suele traducirse en una cantidad de experiencias desbordante.

"Nuestros trabajadores están deseando contar lo que saben. Dándoles la posibilidad de crear contenido para nuestra página web corporativa lograremos no solo hacerles sentir más realizados, sino canalizar esa válvula de escape que, en caso contrario, suele devenir en "Yo sé más que el jefe pero nunca se hace lo que yo digo"."

Por tanto será poco lo que necesitemos para obtener grandes resultados, y en muchas ocasiones primará más nuestra creatividad a la hora de establecer estos premios que el coste asociados a los mismos.

Algunos ejemplos que han funcionado en diversas empresas:

- Bonus mensual en función de las visitas obtenidas.
- Premios en especie mensuales: cena para dos, estancia en hoteles o balnearios, etc.
- Premios en tiempo: descansos más largos, salida del trabajo antes, etc.
- Reconocimiento en la página: nombre del trabajador que lo escribe, cargo ostentado, etc.

Existen muchas posibilidades, por lo que deberemos estudiar cuáles son las que más se adaptan a nuestro tipo de negocio y, sobre todo, a la cultura empresarial y el perfil de los trabajadores. Lo que debemos interiorizar es que estos premios nunca deben ser arbitrarios con la intención de que los empleados sepan de antemano cuáles son las "reglas del juego" para que no haya malentendidos.

2.5.3 La última pincelada

Por último, es muy importante que quien suba los artículos a la página web revise todos los aspectos formales del texto –ortografía, signos de puntuación, etc.– con la intención de que cumplan, efectivamente, el manual comentado con anterioridad.

Es muy probable que un trabajador, a pesar de haber aportado su esfuerzo en redactar y ofrecer contenido propio y original, no desarrolle textos con la suficiente calidad como para ser publicados. Esta persona, responsable de la revisión y subida, lo tendrá que corregir haciéndole saber a su autor las razones de dicha corrección. De esta forma será posible hacerle ver por qué razón se han cambiado algunos puntos y, previsiblemente, que no sea necesario volverlo a hacer en un futuro. Así mismo se le estará dando una importancia como trabajador que le ayudará a continuar en esta labor.

2.6 SUBIENDO EL CONTENIDO: PARTE DE LA RECETA DEL ÉXITO

Una vez tengas el contenido redactado no quedará más que subirlo a tu página web. Es, en general, muy sencillo, pero debes tener en cuenta pequeñas recomendaciones que te serán de utilidad para que tu posicionamiento orgánico maximice su eficiencia.

2.6.1 ¿Cómo subo el contenido?

Dependiendo de la página web que tengas se podrá hacer de una forma u otra. Si tu programador se ha basado en Wordpress –que es el ejemplo que ponemos en este manual pero que, si no es el caso, debería ser algo similar–, no tendrás más que acceder a la zona de administración de la página, y pulsar en "Añadir nueva" en el menú izquierdo.

En la siguiente captura te indicamos dónde se encuentra esta opción.

2.6.2 ¿Qué recomendaciones debo tener en cuenta?

Te proponemos todas las recomendaciones que te ayudarán a respetar el SEO básico a la hora de subir un artículo. Todas las capturas están basadas en una página web creada con Wordpress. Si no es tu caso busca opciones similares ya que, en esencia, deberían ser las mismas.

- Establece un plan de publicación. Para los buscadores como Google es más importante tener cierta periodicidad y constancia en la publicación –por ejemplo un artículo cada dos días, o un artículo cada semana, etc.– que muchas publicaciones de golpe y luego un parón. Si algún día te pones a escribir siguiendo las recomendaciones de los puntos anteriores y terminas redactando varios artículos recuerda no publicarlos el mismo día e ir haciéndolo manteniendo la periodicidad comentada.

- Invita a los visitantes de la página donde vas a publicar el contenido a visitar otras páginas dentro de tu dominio. Por ejemplo, dentro de cada artículo informa con links a otros que puedan estar relacionados.

- Intenta establecer un título y descripción para la página en sus metadatos. Si no sabes lo que es no te preocupes, pero si tienes la oportunidad de ponerlo –en Wordpress, por ejemplo, es bastante sencillo– infórmalo utilizando alguna vez la palabra clave.

- Utiliza imágenes. Estas deben tener, además, el texto alternativo –conocido como texto alt– bien informado. Este texto, en el caso de que tengas una página en wordpress, no es más que la descripción de la imagen cuando la subes –en el apartado de "Texto alternativo"–. Es recomendable no extendernos mucho y ser concisos. Recuerda que este apartado tiene como finalidad describir lo que muestra la imagen –para aquellos casos en los que no se cargue, o para personas que utilizan asistentes de discapacidad–, por lo que no es lugar para poner palabras clave.

  Para subir una imagen debes pulsar el botón "Añadir objeto". Puedes verlo en la captura siguiente.

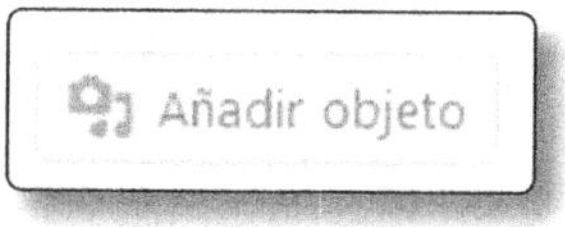

  Para informar del título alternativo verás la opción una vez hayas subido la imagen.

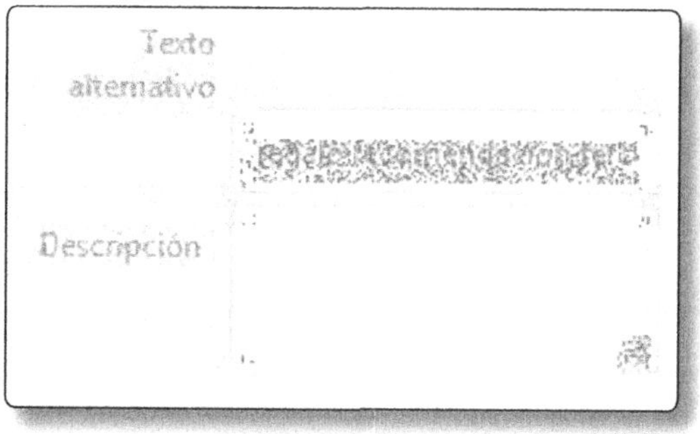

- Utiliza títulos adecuados. Es posible que tu texto tenga subapartados –pequeños titulares que diferencian zonas distintas entre sí–. En estos casos debe transmitirse a los buscadores que se trata de un título –lo que técnicamente se llaman etiquetas h1, h2, etc.–. En Wordpress, por ejemplo, es tan sencillo como seleccionar el texto que sea un título y elegir, en el tipo de texto, "título". El número que se encuentra al lado del título indica su importancia. Teniendo en cuenta que la importancia más alta queda reservada al título principal del artículo, siempre deberemos elegir un número a partir del dos.

Podemos ver esta opción en la siguiente captura.

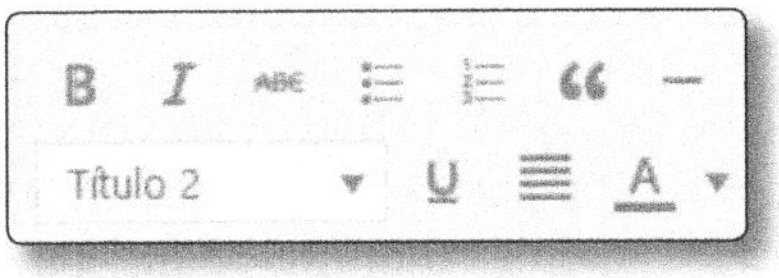

- Pon en negrita las palabras más interesantes de tu texto, pero no te dediques a resaltar las palabras clave. Hace tiempo que este tipo de "trucos" dejaron de ser eficaces, y si lo pensamos fríamente tiene sentido. Al fin y al cabo un artículo no es más interesante por el mero hecho de tener resaltadas las palabras que a un experto en SEO le interesan para posicionar su página web[32].
- Da a conocer lo que publiques. Las redes sociales son tus amigas. No tengas miedo a los comentarios, aunque permanece atento a ellos para reaccionar si es necesario.
- Añade una imagen destacada. Ten en cuenta que esta imagen será la principal para tu artículo, por lo que es muy importante no solo para que quede estéticamente bien en la página web, sino también para que los buscadores entiendan cuál es la más representativa.

  Puedes subirla buscando dicha opción en el menú derecho, tal y como se muestra en la captura.

---

32 ¿Todavía crees que los trucos y trampas son eficaces? Echa un vistazo al artículo publicado en Searchengineland sobre este tema (y otras recomendaciones interesantes) en la siguiente página: http://searchengineland.com/16–common–site–seo–mistakes–might–making–right–now–278702

2.6.3 ¿Por qué tengo que hacer todas estas cosas? ¿De verdad es importante?

Realizando las recomendaciones anteriores lo que estamos haciendo es indicar a los buscadores qué partes son las más relevantes de nuestro texto, en qué zonas debe mostrar más interés y por qué se han puesto las imágenes que aparecen. De esta manera tendrán toda la información que necesitan para situar a la página donde corresponda y mostrarla cuando más interesante pueda ser para los usuarios.

2.7 TENGO ATENCIÓN TELEFÓNICA, PERO NO SE LO DIGAS A NADIE

Es muy común recibir reservas o solicitudes de información por medio de una simple llamada telefónica. El número de teléfono se convierte, por tanto, en un de los mayores activos para facilitar al cliente que contacte con nosotros. Aun así, en el mundo de las páginas web, nos encontramos con que suele ser el gran olvidado. ¿Por qué nuestra página se centra siempre en detalles sin importancia y se olvida de aquello que puede traernos más dinero?

> ***"Nuestro número de teléfono, si se trata de una herramienta de contacto válida dentro del negocio, debe aparecer en la parte superior de todas las páginas. Así nuestros visitantes –y clientes potenciales– podrán verlo aterricen en la página que aterricen, pudiendo contactar con nosotros con facilidad."***

La mejor opción para cumplir este aspecto es facilitar el teléfono en el denominado "header" de la página o, lo que es lo mismo, en el encabezado. Es la zona donde suele estar nuestro logo, el menú superior de navegación, los botones de redes sociales –que vamos a tratar un poco más adelante–, etc.

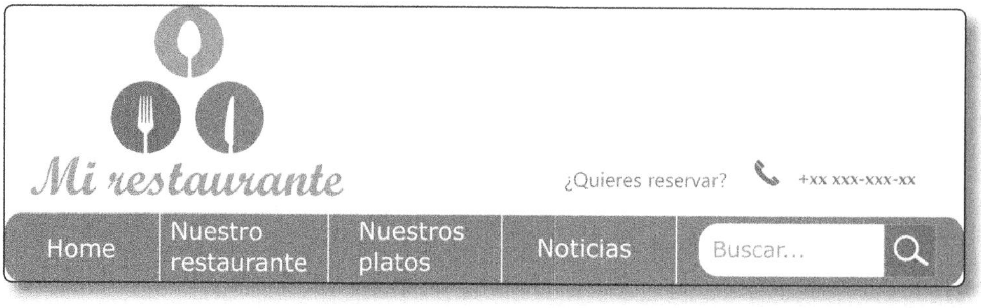

Ejemplo esquemático de dónde poner el número de teléfono. Fuente de elaboración propia

Además, y como en cualquier otro aspecto, es adecuado revisar que nuestra página es responsive –es decir, que se adapta a cualquier resolución–. Y no solo eso, sino que debemos hacerla fácilmente accesible también desde los teléfonos móviles. En este sentido el teléfono que aparece en la web deberá estar implementado de forma que, al pulsar sobre él, el terminal dé la opción de realizar una llamada.

Como este punto tiene que ver con la programación de la página solo me interesa que lo tengamos en cuenta y que intentemos pulsar sobre él desde nuestro propio teléfono móvil. Si vemos que se marca –es decir, que la página informa al navegador de que ese número es telefónico y comience a realizar una llamada– ya lo estará implementado. En caso contrario deberemos contactar con la empresa que ha desarrollado la página para recordarles la importancia de este aspecto, solicitando que lo implementen.

Una buena composición de la página y transmitir al cliente con facilidad lo que pide logrará que tenga una mejor experiencia, aumentando el tiempo que navegue en la misma y compartiendo contenido. Todo ello repercutirá positivamente en el posicionamiento SEO.

2.8 UTILIZA IMÁGENES PROFESIONALES

Vamos a hacernos una sencilla pregunta que nos puede ayudar a ilustrar esta recomendación: ¿cómo podemos "vender" nuestros productos o servicios a través de nuestra página web? Está claro que el contenido, es decir, las palabras que describan nuestra oferta y, en general, cualquier aspecto relacionado con la experiencia al contactar con nosotros es muy importante, pero no nos engañemos: las imágenes lo son todavía más. Por lo menos si hablamos de la experiencia del usuario al visitar una página web corporativa.

Pongamos, una vez más, el ejemplo de un restaurante. Cuando un cliente potencial entra en una página web dedicada al sector de la hostelería no espera leer grandes cantidades de texto. En su defecto, lo que le interesa es imaginarse yendo a ese lugar, comiendo sus platos y disfrutando de una velada determinada. Por esta razón los restaurantes más importantes y, en general, aquellos que se encuentran realizando una buena labor de márketing online, tienen grandes imágenes que describen fielmente su negocio. Instalaciones, platos, vistas cualquiera que evoque una estancia única es suficiente como para transmitir mucho más que bloques y bloques de texto.

Por supuesto no quiero desmerecer el contenido que viene a ser la parte que más interesa a buscadores como Google, pero si lo que queremos es verlo desde la perspectiva del usuario potencial lo tenemos claro.

"Ya hemos comentado que, de media, un usuario dedica menos de quince segundos a una página web. Las imágenes pueden ser la clave para llamar la atención, "atraparles" y lograr que nos den una oportunidad para convencerles de que nuestro negocio merece la pena."

Como siempre voy a proponer algunas recomendaciones, para que tengas todas estas ideas recogidas en una lista.

2.8.1 Publica imágenes reales de tu negocio

Te habrás dado cuenta de que, en algunas ocasiones, has visitado páginas web de empresas del mismo sector y te han parecido muy similares entre sí. Y no solo eso Esta sensación de "déjà vu" también nos suele ocurrir en páginas de empresas que no tienen nada que ver entre ellas. ¿La razón? Principalmente por el uso de bancos profesionales de imágenes. En pocas palabras: muchas empresas prefieren no utilizar imágenes propias –para evitar que tengan un aspecto poco profesional– y adquirirlas de fotógrafos profesionales genéricos que las venden a un precio muy asequible.

"El uso de imágenes provenientes de bancos no es una buena idea, ya que no impregnarán a nuestra página de nuestro toque personal, haciendo que tenga un aspecto genérico e impersonal y dando al visitante una sensación de "déjà vu"."

Seguro que te resulta familiar la imagen de una reunión de empresarios, todos sonrientes, de razas diferentes y bien vestidos, alrededor de una mesa de cristal. Efectivamente, te suena porque la has visto en infinidad de páginas web –despachos de abogados, empresas de electricidad, empresas de telefonía –. ¿Encuentras sentido a que una misma imagen esté en dos empresas que son competencia entre sí? ¿Compartirías el diseño de tu carta con el restaurante que te está quitando clientes? Y, lo que es más importante, como usuario potencial, ¿qué pensarías al verlas?

El uso de imágenes reales de tu propio negocio conlleva, además, otras ventajas añadidas. La cercanía y empatía que se transmite con las mismas es muy elevada, ayudando al visitante de nuestra página a imaginarse en el lugar, lo cual acerca la posibilidad de que llame para reservar. Ni qué decir tiene el hecho de que el cliente potencial ponga cara a las personas que están detrás del negocio. Promover esta empatía es crucial para obtener buenos resultados, ya que la propia página web es, por su propia naturaleza, fría e impersonal. Es nuestra labor intentar suavizar esta carencia utilizando imágenes cálidas, reales y cercanas.

2.8.2 Sube imágenes realizadas por un profesional

Es una tentación utilizar imágenes que tomemos nosotros mismos. Tenemos cámara –nuestro móvil tiene un montón de megapíxeles, qué más puedo pedir– y unas ganas tremendas de plasmar nuestra faceta artística.

Pero debemos aceptar nuestras limitaciones. Salvo excepciones es recomendable que las fotos sean tomadas por profesionales. Es una inversión. Al fin y al cabo, ¿qué imagen queremos dar de nuestro establecimiento? Este punto cobra especial importancia en negocios en los que haya contacto directo con el cliente donde la imagen y la atención deben ser perfectas.

> ***"Las imágenes tomadas y editadas por profesionales dan un aspecto de solidez empresarial que hace mucho más fácil que los visitantes y potenciales compradores confíen en nuestra marca."***

Estas fotos, una vez tomadas, nos pueden servir no solo para nuestra página web, sino también para cabeceras de las redes sociales, para futuros anuncios o, incluso, para formar parte de nuestra imagen de marca en logotipos y cartas. Por esta razón es recomendable siempre realizar una tanda de fotos tanto del local –por dentro y por fuera– como de los trabajadores –por lo menos de los más representativos o importantes– y de los productos –en el caso de los restaurantes, por poner un ejemplo, de un buen surtido de platos–.

Tema distinto son aquellas fotos que, diariamente o de manera periódica, tenemos que realizar para alimentar nuestras redes sociales. Imaginemos un producto nuevo que llega a nuestra tienda, un plato nuevo que se ha añadido a nuestra carta, etc. Para estos casos, obviamente, no podemos contar con un fotógrafo profesional, por lo que es conveniente tener los utensilios mínimos para hacer una foto de calidad: una caja de luz, una iluminación mínimamente decente y una cámara que cumpla los estándares necesarios.

Con esto obtendremos fotos atractivas que producirán mucha más repercusión en los clientes potenciales y que, además, invitarán no solo a conocer nuestras instalaciones, sino directamente a comprar nuestros productos.

2.8.3 Añade el logo de tu empresa y el nombre del dominio a todas las imágenes

Las imágenes, como los vídeos, tienen la peculiaridad de ser compartidos por muchos de los usuarios –cuando sienten la atracción para hacerlo– sin adjuntar ningún texto. Si nuestra empresa explica las bondades de la foto y de su contenido a través del texto adjunto a la misma –imaginemos, por ejemplo, y siguiendo nuestros ejemplos de restaurantes, una foto de nuestra nueva receta subida a FaceBook junto con una explicación de lo deliciosa que es– nos arriesgamos a que sea compartida de forma individual.

Para evitar que esto pueda significar que la foto o vídeo deje de asociarse con nuestra empresa deberemos añadir un logotipo en una de las esquinas junto con otra información que pueda ser de interés para un cliente potencial –imaginemos, por ejemplo, el número de teléfono, el dominio de nuestra página o una pequeña frase donde se indique el tipo de comida que sirve nuestro restaurante–. Esta información debe estar incrustada en la imagen, es decir, debe formar parte de ella, porque de esta forma, al compartirse, se transmitirá también.

Las fotos o vídeos se comparten mucho más que los textos que se encuentran sin contenido multimedia, pero hay que ser precavidos para que la repercusión sea máxima.

> ***"La recomendación de aplicar una marca de agua a las imágenes no es extensiva a los anuncios de productos en Google –conocido como Google Shopping–, ya que en sus políticas se establece expresamente que las fotos de los mismos deben estar limpias de marcas y texto."***

2.8.4 Ten cuidado con los derechos de autor

El tema de los derechos de autor es algo que se debe tener muy presente a la hora de publicar contenido. Dejamos de lado el apartado del texto, donde ya hemos puesto de manifiesto en varias ocasiones a lo largo de este manual que copiar de otra página no está permitido. Pero, ¿qué sucede con las imágenes? ¿Podemos tener problemas si utilizamos una imagen que encontremos en los buscadores?

La respuesta es sí. Es cierto que resulta difícil que nos demanden por un uso no permitido de una imagen, pero basta que lo haga una persona para que el problema se convierta en algo preocupante. Además, cada vez existen más herramientas automatizadas para hacer un seguimiento de las imágenes publicadas que son propiedad de otras personas. Estas realizan una búsqueda automática de forma periódica por toda la red para ver si alguna página ha utilizado imágenes protegidas. ¿De verdad merece la pena correr el riesgo?

Ya hemos comentado que lo más recomendable es utilizar imágenes propias y reales pero esto, en ocasiones, no es posible. Para estos casos tendremos que encontrar imágenes que estén libres de derechos o que, por lo menos, se puedan utilizar con fines comerciales.

En este punto merece especial mención la licencia Creative Commons[33], que nos indica si podemos utilizar una imagen y si tenemos que hacer algo especial para ello.

Licencias de Creative Commons

En general, cualquier imagen que no tenga el sello de "No comercial" podrá ser utilizada sin problema, siempre y cuando atribuyamos al autor de manera correcta.

Sabiendo esto solo tendremos que buscar bancos de imágenes que, o bien directamente sean de su propiedad y nos den permiso para su uso, o bien recopilen imágenes de Creative Commons y nos indiquen qué licencia tiene cada una de ellas. Bancos como Flickr –con su correspondiente buscador–, Wikimedia o similares nos pueden servir para estos fines.

> ***"A la hora de encontrar imágenes que se pueden utilizar con fines comerciales es necesario tener en cuenta que, de la misma manera que nosotros estamos buscando este tipo de recursos, lo están haciendo el resto de empresas. Recordar la importancia de dar una imagen cercana es fundamental para encontrar el equilibrio entre las fotografías genéricas y accesibles por todos y aquellas que están realizadas por nosotros y que son únicas."***

33 Puedes consultar todas las licencias de Creative Commons en http://es.creativecommons.org/blog/licencias/.

Google imágenes permite, modificando la búsqueda, encontrar recursos y fotografías que se pueden utilizar con fines comerciales. A pesar de ello es recomendable cerciorarse del tipo de licencia que tiene aquella que decidamos utilizar, ya que las que encontremos pueden requerir nombrar al autor de la misma.

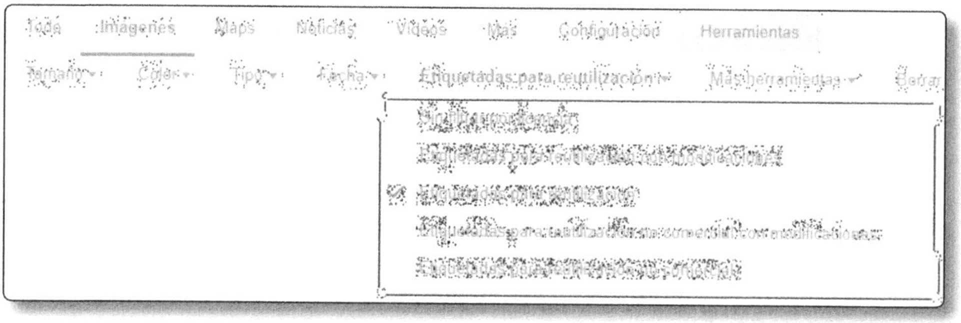

Opción de Google Imágenes para encontrar recursos que se puedan usar con fines comerciales

2.9 MENÚ ACCESIBLE, O CÓMO FACILITAR LAS COSAS A TUS VISITANTES

El menú accesible forma parte de la usabilidad de la página web. Que se encuentre en un lugar visible y que sea autoexplicativo es indispensable para que la experiencia del usuario sea satisfactoria. Para lograrlo no tienes más que empatizar con tu cliente, saber qué buscaría y cómo, y plasmarlo en forma de menú.

> ***"Un menú poco accesible o intuitivo va a tener como consecuencia un aumento del porcentaje de rebote –visitantes que entran en tu página y vuelven a salir sin llevar a cabo ninguna acción–, ya que los usuarios no sabrán cómo continuar o, lo que es peor, no tendrán alicientes para hacerlo. Además, tendrás menos probabilidades de transmitir la información que deseas."***

Puede servir de gran ayuda el uso de los bocetos de arquitectura web que, teóricamente, hemos realizado con anterioridad, ya que estos representan de manera esquemática cuáles son las partes de la página. Además, nos permiten entender su funcionamiento y la forma de acceder a cada uno de los apartados.

Ten en cuenta algo que la mayor parte de las empresas pasan por alto: tú no tienes por qué ser tu propio público objetivo. Es decir, a veces, intentando hacer lo que creemos que es más útil para nuestros potenciales clientes, implementamos lo que a nosotros nos gustaría ver. Obviamente esto desemboca en una mala experiencia en nuestra página web lo que, finalmente, repercutirá en el posicionamiento.

No tengamos miedo a realizar un pequeño estudio. Preguntar a clientes de confianza, familiares, amigos suele ser una buena fuente de información para implementar lo que realmente resulta útil. Puede llevar un poco más de tiempo del que inicialmente asignemos a este tema, pero será una inversión en usabilidad que rentabilizaremos con rapidez.

2.10 ATRACCIÓN A PRIMERA VISTA –LANDING PAGE–. ¿CÓMO SABE UN BUSCADOR SI ES INTERESANTE?

Ya hemos tratado en algún punto anterior lo que son las landing page o páginas de aterrizaje. ¿Todavía crees que tu página o blog no tiene ninguna "landing page"? Bueno, pues siento decepcionarte porque todas las páginas, blogs corporativos incluidos, tienen landing pages. Y no solo una, sino muchas[34].

Aunque hay varias métricas que indican a los buscadores si una página es interesante o no, nos vamos a centrar en dos de las más importantes que podemos entender con facilidad y utilizar para enfocar lo que transmitimos para obtener mejores resultados. En ambos casos lo que queremos es indicarle a los buscadores: ¡Eh! ¡Que mi página es muy interesante!

2.10.1 El porcentaje de rebote

El porcentaje de rebote, muy importante por los buscadores para saber hasta qué punto una página en su conjunto es interesante, indica qué tasa de personas aterrizan en una página y no visitan ninguna más[35]. O, lo que es lo mismo, "rebotan" y salen después de entrar.

Una página tendrá, por tanto, menos porcentaje de rebote si logra que sus visitantes interactúen con ella. Esto se suele lograr haciendo que, tras leer un artículo,

---

34 En Semrush han hecho un artículo muy interesante en español sobre las landing pages en los blogs, cómo identificarlas y, lo más importante, cómo tratarlas. https://es.semrush.com/blog/optimizar–landing–pages–blog/

35 Google, debido al interés que tiene para que se entiendan bien todas estas métricas, tiene una página de formación con decenas de artículos dedicada a explicar cada una de ellas. En el tema del rebote no podía ser menos, y nos lo explican perfectamente en español: https://support.google.com/analytics/answer/1009409?hl=es

consulten otro diferente perteneciente a nuestro mismo blog, visiten la página de precios, etc. Esta métrica se puede utilizar para entender qué podemos estar haciendo mal a nivel global consultando la media de rebote, o bien en alguna página donde esta tasa se dispara filtrando por direcciones concretas. En todos los casos debemos tender a que nuestros visitantes se interesen no solo por la página de aterrizaje, sino por el resto de zonas con información que ofrecemos.

"Un porcentaje de rebote reducido indicará a los buscadores que nuestra web no es una mera página de aterrizaje y que contiene más información que puede interesar a sus visitantes."

Es importante destacar que es más relevante tener un contenido completo y largo en una página determinada que, por el contrario, dividirlo en dos para obligar al lector que continúe el artículo en otra sección. Este "truco", utilizado antiguamente en muchas webs, no es beneficioso en términos de posicionamiento. Además, y como veremos a continuación, el tiempo que está un visitante en nuestra web también es relevante para determinar si lo que ha visto es interesante o no.

Podemos consultar nuestro porcentaje de rebote general, así como aplicar filtros que nos ayuden a segmentarlo por páginas concretas, desde la herramienta de Google Analytics. Puedes ver una imagen de dicha herramienta a continuación.

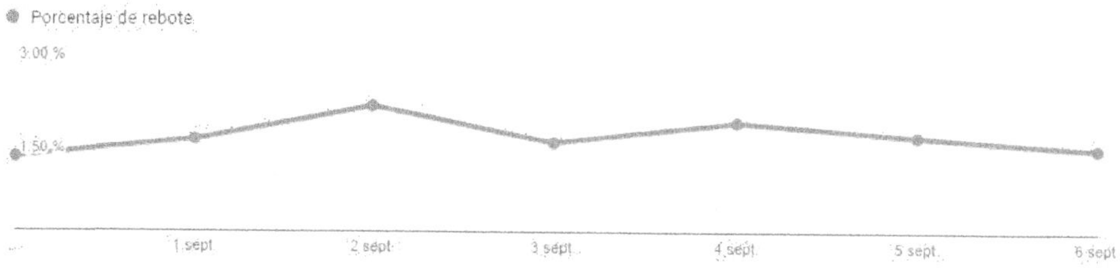

Consulta del porcentaje de rebote de una web a través de Google Analytics

El porcentaje de rebote recomendado para una web dependerá del tipo de sector y de los objetivos de dicha página. La mayor parte de estas tienen un porcentaje de rebote que oscila entre el 25% y el 75%. En términos generales nuestro objetivo principal dentro de este campo debe ser lograr que dicha métrica sea inferior al 40% aunque, sabiendo que en la disciplina del posicionamiento todo es relativo a lo que haga la competencia, un nivel superior podría ser también adecuado. Lo que es común para todas ellas es que en ningún caso se debe superar el 60%, debiendo tomar medidas expresas para reducirlo en caso de encontrarnos en esta situación[36].

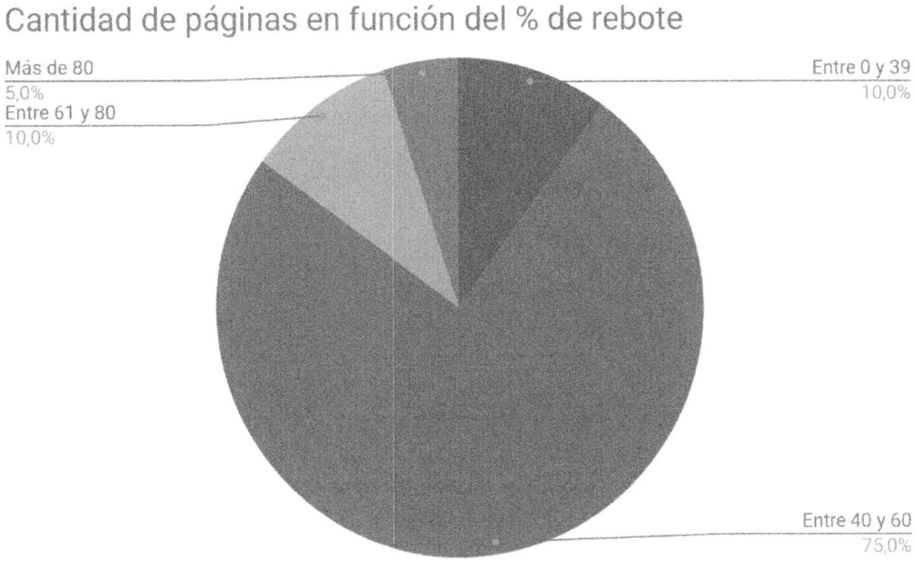

Cantidad de páginas –en porcentaje– con un rebote similar.

Por último destacar que, debido al tipo de terminal desde el que se consulta la información, el porcentaje de rebote aumentará aproximadamente un 10% en los dispositivos móviles. Tener esto en cuenta nos ayudará a comprender las métricas si filtramos por tipo de dispositivo.

36 Debemos tener cuidado porque un porcentaje de rebote inferior al 10% suele significar que existe algún error en la forma de medirlo. Duplicado de códigos de Google Analytics, plugins como chats online o similar pueden sesgar estos resultados. Más información en GoRocketFuel: *http://www.gorocketfuel.com/the–rocket–blog/whats–the–average–bounce–rate–in–google–analytics/*

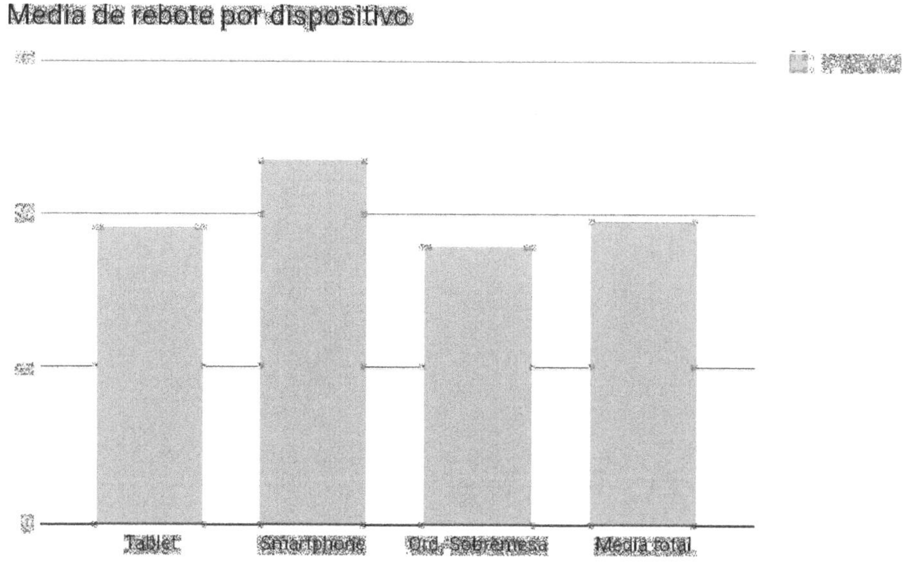

Medias de porcentajes de rebote en función del dispositivo. Desarrollo propio a partir de la información de gorocketfuel

2.10.2 Tiempo de la sesión

Es de sentido común, pero como se trata de una métrica muy valorada por los buscadores debemos nombrarla. Efectivamente, el tiempo que una persona permanece en una página está directamente relacionada con el interés que ha mostrado sobre la misma. Y, por tanto, los buscadores pondrán por delante a aquellas más interesantes en las búsquedas frente a otras que lo sean menos para los usuarios.

"El tiempo que un visitante permanece en una página concreta está directamente relacionado con el interés que le ha despertado. Si dicho tiempo es muy reducido significará que, tras visitar esa página, se ha ido al entender que no es lo que buscaba."

Esta métrica la podremos consultar a través de la herramienta de Google Analytics, donde podremos filtrar a su vez por páginas, periodo de tiempo, etc. En la misma uno de los gráficos será parecido al de la siguiente captura:

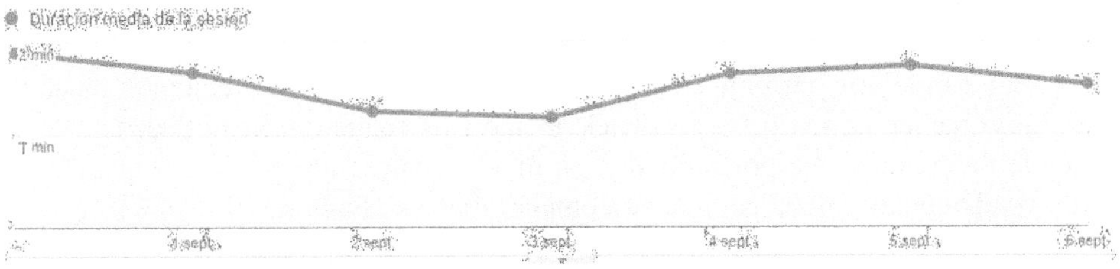

Captura de cómo se muestra la evolución de la duración media de sesión en Google Analytics

El tiempo que un usuario suele permanecer en una determinada web depende de varios factores, entre los que podemos encontrar:

- El contenido. Si tienen algo que leer y lo que está escrito resulta de su interés le dedicarán más tiempo. Para más información sobre el contenido remitimos este punto a los capítulos dedicados a ello.
- El "feeling" y aspecto: Ya hemos hablado de los quince segundos que permanece un usuario tras aterrizar en una página. Ese es el tiempo que le dan para evaluar si lo que ven es interesante o no y, en muchas ocasiones, no es suficiente como para leer el contenido completo. Efectivamente, el aspecto de la página, las imágenes, la organización de los párrafos e, incluso, qué tipo de letra y qué colores hay son factores determinantes para superar esta primera barrera. Y, por supuesto, si tenemos publicidad deberemos colocarla de tal forma que no menoscabe la experiencia del usuario.
- La coherencia general de la web. Los usuarios deben saber qué hacer a continuación tras obtener la información que están buscando porque, en caso contrario, saldrán de la página. Hay que darles todo mascado: qué artículo leer a continuación, qué precios deben consultar, dónde suscribirse Cuanto más cosas tengan que hacer –siempre interesantes, por supuesto– más tiempo permanecerán en tu página. No es que el usuario sea tonto, sino que es impaciente. Y lo quieren todo hecho. ¿Es justo? No, pero si nos fijamos en nuestro propio comportamiento cuando navegamos veremos que es así, y que es esto lo que le exigimos a las páginas cuando las visitamos.

2.11 FORMULARIO DE CONTACTO

El formulario de contacto es una de esas páginas que debemos tener si queremos obtener algún tipo de feedback de nuestros visitantes. Se trata de una zona donde le facilitamos esta posibilidad y, en muchas ocasiones, puede ser una de las partes fundamentales de la página para obtener nuevos clientes.

Por formulario de contacto nos referimos a cualquier página que permita al usuario contactar con nosotros, aunque existen muchas fórmulas y maneras de presentarlos que se ajusten a nuestras necesidades y a la estética de nuestra página.

> ***"Una página sin formulario de contacto no solo impide a los usuarios que accedan a nosotros sin necesidad de utilizar el teléfono sino que, además, dificulta la usabilidad al ser una característica común a todas las páginas web."***

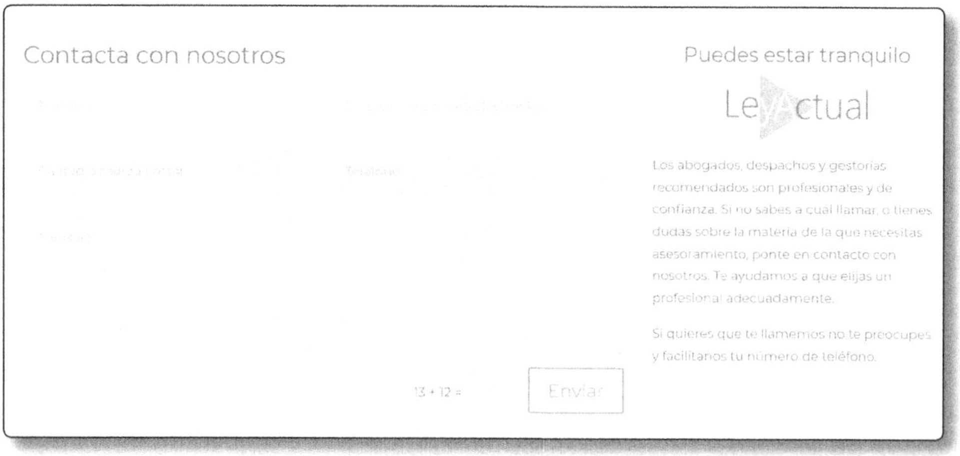

Ejemplo real de formulario de contacto con un texto que aumenta la confianza de los visitantes y con un apartado de 'captcha'

En este sentido debemos tener en cuenta una serie de puntos para maximizar su eficacia:

- Debe ser accesible y fácilmente reconocible. Si nuestra página tiene como finalidad obtener consultas del cliente –reservas, llamadas de teléfono, etc.– el formulario de contacto o, por lo menos, un acceso al mismo, deberá ser visible desde cualquier lugar de nuestra página. Una forma muy extendida para lograrlo es incluirlo dentro de nuestro menú principal.

- ¿Tienes teléfono? La página de contacto debe abarcar cualquier tipo de usuario que tengamos previsto que desee hablar con nosotros. Muchos van a estar de acuerdo con rellenar unos campos y esperar, pero otros preferirán llamar directamente.

- Establece claramente los horarios y plazos de contestación. Horarios centrados tanto en visitas físicas como en llamadas telefónicas, y plazos de contestación para aquellos que prefieran rellenar el formulario.

- Si tienes delegaciones facilita su dirección. Y, si puedes, un mapa. De esta manera podrás dar una sensación de modelo asentado, seguro y profesional, y facilitarás que te encuentren si desean visitar tu negocio físicamente.

- No preguntes más de lo que necesites. Piensa que cuantas más cuestiones plantees más difícil será que las completen. Así mismo no es recomendable "obligar" a rellenar todos los campos si no son necesarios, y si no son necesarios deberemos pensar en eliminarlos. En este sentido considera lo siguiente: ¿podemos obtener esa información en un futuro contacto o la necesitamos desde el principio a la hora de devolver nuestra contestación? Si nos encontramos en la primera opción lo más recomendable es no pedir esa información y delegarlo a un momento posterior para facilitar la labor al visitante.

- Envía un *email* de confirmación a la persona que rellene el formulario. No hay cosa que genere más inseguridad a un visitante que un formulario que no sabemos si se ha enviado correctamente o no. Cuando se da esta situación de inseguridad lo que suele suceder es que busque otras alternativas, principalmente entre nuestra competencia. Una buena manera de evitarlo es enviarle un correo confirmando que el formulario se ha enviado correctamente, que efectivamente ha llegado y el plazo en el que le contestaremos. Además, podremos aprovechar para iniciar un contacto con él –no perdamos la perspectiva: cualquier contacto es una oportunidad de venta o, por lo menos, de transmitir nuestra imagen de marca–. Muchas empresas no lo hacen o lo hacen mal, y es un punto donde podemos diferenciarnos con facilidad. Mira el ejemplo que proponemos a continuación para un formulario de consulta en un producto "retail".

¡Gracias por contactar con MI EMPRESA!

El formulario nos ha llegado correctamente, y ya hemos puesto en marcha nuestra maquinaria de atención especializada para contestarte en menos de veinticuatro horas –aunque nuestra media está en menos de dos horas, por lo que no te sorprendas si te llamamos dentro de muy poco–.

Muchas gracias por darnos la oportunidad de demostrarte la calidad de nuestro servicio. Nos esforzamos mucho para que nuestros clientes estén satisfechos, y seguiremos haciéndolo siempre.

- Acuérdate de que, si vas a guardar el correo del visitante que se pone en contacto con nosotros, deberás avisarle de este hecho y cumplir con la normativa vigente. En el caso de España será la Ley de Protección de Datos, aunque en casi todas las zonas del mundo encontramos una normativa similar.

- No implementes un chat si no vas a poder contestar. Hay algunas empresas que están comenzando a facilitar al visitante un pequeño chat, ya que esto permite que un solo trabajador atienda varias peticiones de manera simultánea. Es una buena solución, pero no es recomendable si no vas a poder dar un servicio adecuado. En pocas palabras, para ponerlo mal es mejor no ponerlo, y no suele salir rentable en modelos de negocio donde no haya que dar un servicio constante de atención al cliente. Además, es muy importante establecer de alguna manera cuál es el horario en el que estaremos dispuestos a dar una respuesta rápida, porque lo último que queremos es desprestigiar nuestra imagen de marca aparentando desidia o falta de consideración hacia una persona interesada.

- Implementa un "captcha", pero elige uno que sea fiable y lo menos intrusivo posible para evitar echar para atrás a un posible contacto. Un captcha no es más que una zona del formulario que nos garantiza que solo sea enviado por personas reales –y no por robots–. Una buena solución es, por ejemplo, el que facilita Google y que puede ser utilizado en cualquier página, ya que basta con hacer clic en un cuadro.

Ejemplo de captcha de Google

2.12 ENGANCHANDO AL VISITANTE: TRUCOS PARA QUE VUELVA

2.12.1 Introducción

Tan importante como lograr que un potencial cliente llegue a nuestra página es que vuelva en un futuro. La mayor parte de los consejos que he dado durante el manual han sido para que nos encuentren en los buscadores, pero debemos ser capaces de hacer que, una vez nos hayan conocido, deseen volver periódicamente. En caso contrario, y aunque hayamos logrado efectuar una venta puntual, estaremos perdiendo la posibilidad de "exprimir" a nuestros clientes –bien entendida la expresión, por supuesto– y de que nuestra relación sea lo más fructífera posible.

Hacer que un cliente vuelva no es, para nada, una tarea fácil. Debemos pensar por qué nos buscó en un primer lugar, qué espera de nosotros y, sobre todo, por qué debe dedicar su futuro tiempo en nuestra empresa y no en otra. En pocas palabras: qué debemos hacer para que desee saber cada vez más de nosotros.

En este capítulo vamos a ver algunos trucos básicos que, sin llegar a las estrategias más avanzadas de inbound marketing, podemos hacer para lograr nuestro objetivo. Para entender el enfoque debemos centrarnos en dos puntos principales:

- La forma que tenemos para contactar de nuevo con nuestro visitante, es decir, cómo le vamos a recordar que debe volver a nuestra página o tienda.
- Qué información deberemos darle para convencerle ya que, aunque seamos capaces de contactar con él, si no tenemos nada que decir o se lo decimos mal no lograremos que vuelva.

"Cómo contactar con nuestro cliente una vez nos ha visitado y qué decirle si lo logramos son preguntas básicas si queremos que nuestra estrategia online tenga coherencia y se mantenga en el tiempo sin perder oportunidades de negocio."

2.12.2 Canales de contacto

Lo primero de todo: un cliente es, básicamente, como tú y como yo. Los canales que tenemos de comunicación son iguales y, aunque nos parezcan un poco vagos, no son tantos. Como es de recibo voy a centrarme en las que tienen que ver con la vía online, siendo los más importantes los siguientes:

2.12.2.1 CORREO ELECTRÓNICO

Aunque parezca de otra época, el *email marketing* –marketing realizado a través del correo electrónico– sigue siendo una de las formas más utilizadas para lograr mantener una relación duradera entre cliente y empresa. Lo que ha cambiado es la manera en la que esta relación se desarrolla: lo que antes era SPAM ahora debe ser correo deseado, lo que antes era un bombardeo, ahora es información interesante y relevante. Y, como este, cualquier otro cambio que tenga que ver con tener en cuenta los intereses del cliente y de facilitarle su decisión de comprar de manera orgánica y natural.

Conseguir el correo electrónico de potenciales clientes cuando visitan nuestra web no es algo sencillo. De hecho, se trata de algo tan sensible que existen estudios propios y muy extensos en este aspecto. Como regla general, y siguiendo el carácter básico de este manual, debemos tener en cuenta las siguientes opciones:

1. Ofrecer un "regalo" a cambio del correo. Es normal que, cuando entremos en una web que tiene este punto claro, te ofrezca un *e-book* gratis –con información interesante que "no puedes rechazar"– a cambio de tu email. Lo importante es que informemos al usuario de que podremos enviarle comunicaciones a ese email, que este hecho le quede claro –para evitar que, con posterioridad, nos catalogue como SPAM– y que la página funcione correctamente.

Captura con fines educativos de la acción de captación de emails en el blog de SemRush, donde ofrecen mantener actualizado a los suscriptores y enviarle los nuevos e-books con información de interés.

2. Hacer un concurso donde haya un premio interesante y que para participar sea necesario dar el email, así como aceptar unas condiciones. Debemos tener cuidado y dejar claro que podremos enviar comunicaciones con posterioridad.

3. Si nuestra página es una tienda virtual o una tienda donde quepan las promociones "relámpago" podemos ofrecer, al terminar una compra o al navegar entre los productos, el estar "al día" de las novedades y descuentos.

Para terminar, comentar que una buena manera para gestionar estos correos y facilitar su uso con posterioridad es utilizar plataformas especializadas en el envío de los mismos que, además de ser baratas, son versátiles y muy útiles. Además, el uso de las mismas nos asegurará cumplir desde el primer momento con los estándares recomendados en relación a este tipo de envíos, incluido el de SPAM. Ejemplos de las mismas son Mailchimp, mailify, mdirector, acumbamail.

2.12.2.2 REDES SOCIALES

Las redes sociales tienen una peculiaridad que es inherente a su funcionamiento y que nos puede ser muy útil para mantener una relación constante y cercana con los clientes, y es que permiten a los usuarios suscribirse a las actualizaciones que publiquemos. Desde un punto de vista práctico esto no es más que la posibilidad de enviar notificaciones de cambios que realicemos en nuestra página.

En el presente manual se ha dedicado un apartado completo a las redes sociales aunque, al ser una forma de *email marketing* en su apartado de notificación de las actualizaciones vía email, haremos una pequeña mención en este momento.

Para lograr esto debemos conseguir que nuestro cliente objetivo siga a nuestra página dentro de la red social, una finalidad que viene a ser similar a la de la obtención de su correo electrónico. Las posibilidades varían de una red social a otra –no es lo mismo FaceBook, Twitter, Instagram o Pinterest, por poner unos ejemplos–, pero podemos agrupar las acciones posibles en dos grandes tipos:

1. Obtención de seguidores por medio de anuncios. Consiste en publicar anuncios orientados a la obtención de seguidores o suscriptores dentro de la propia red social.

2. Obtención de seguidores por medio de acciones orgánicas. Entre ellas destacamos las noticias virales, concursos, votaciones, publicación de ofertas puntuales que solo pueden ver los seguidores, etc.

Es conveniente tener en cuenta que no todos los seguidores verán nuestras actualizaciones –y mucho menos recibirán estas en su correo electrónico–, quedando este comportamiento a criterio de los algoritmos de la red social en la que nos encontremos. En este sentido los correos electrónicos son mucho más fiables ya que la comunicación es más directa y sin intermediarios.

2.12.2.3 OTRAS VÍAS

Existen otras vías de contacto que también son conocidas y utilizadas por muchos negocios pero que, al no estar tan ligadas al mundo online o ser más complejas, no vamos a desarrollar en profundidad. Entre ellas podemos reconocer las campañas de remarketing, la publicidad convencional, etc.

2.12.3 Qué decir y cómo hacerlo

Ya tenemos los canales Ahora debemos saber qué decir. En general, y una vez más, el sentido común es lo más importante. En este caso es simple: es necesario contar lo que le interese a quien nos escucha. Si son clientes potenciales y siguen a nuestro negocio ya tenemos algo ganado, y es que sabemos que le gusta el tipo de producto o servicio que ofrecemos, o que tienen un problema que estos pueden solventar.

Si somos un restaurante es posible que a nuestros clientes les interesen recetas que tengan que ver con nuestra carta o especialidad, si ofrecemos clases de yoga les interesarán recomendaciones para la respiración, y así sucesivamente. Estas comunicaciones pueden tener promociones y descuentos, pero no debemos centrar todo nuestro canal en la promoción y venta ya que a largo plazo lograrán que nuestro receptor pierda interés, además de que, si son constantes, dejarán de ser exclusivas. Por ello es recomendable intercalar descuentos o acciones similares con otra información de interés.

> ***"De la misma manera que en nuestro blog corporativo no escribimos contenido que esté constantemente enfocado a la venta, en nuestras comunicaciones directas con los clientes potenciales tampoco deberemos hacerlo. Un cliente asiduo es aquel que nos elige porque somos la mejor opción y, si deseamos construir una relación a largo plazo, la confianza mutua serán básicas. No podemos, por tanto, traicionar esta sensación con un enfoque tradicional de venta por empuje."***

Es especialmente interesante todo aquello que se sienta cercano y creíble, ya que además suele ser lo más compartido. Y, por supuesto, siguiendo las recomendaciones básicas. Aunque aquí sería posible desarrollar un manual completo solo para este punto debido a su complejidad[37], a continuación nombraremos algunos de los puntos en los que, como mínimo, nos deberemos fijar.

- Llamada a la acción. Todas las comunicaciones deben intentar que nuestro receptor haga algo valioso para nosotros ya que, si no lo hace, habremos perdido una oportunidad.

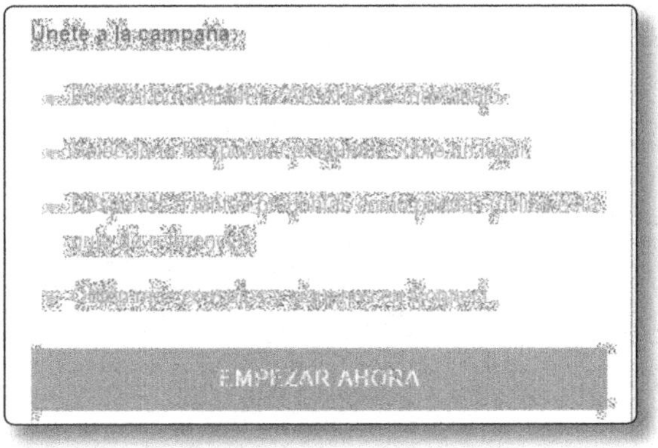

Llamada a la acción –"Empezar ahora"– en correo electrónico de Google

- El receptor debe fijarse en nuestra comunicación. Diariamente existen innumerables intentos de contacto con nuestro receptor por medio de canales como el email, redes sociales y otros similares. Para diferenciarnos de ellos es recomendable ser claros, ofrecer lo que realmente quiere leer nuestro destinatario y, en la medida de lo posible, personalizar nuestro mensaje. Y es que, según los últimos estudios por la Direct Marketing Association[38], los emails segmentados generan el 58% de los beneficios de este tipo de acciones. Ahí entra en juego el equilibrio que debemos lograr a la hora de recabar la información sobre nuestros clientes sin que se sientan intimidados.

---

37 El *email marketing*, por poner un ejemplo, es un arte en sí mismo, ya que mezcla psicología, diseño y contenido técnico. Hubspot se ha dedicado durante mucho tiempo a investigar cuál es la manera más adecuada para construir un *email* de estas características. Puedes consultar más información en https://blog.hubspot.com/blog/tabid/6307/bid/32606/the–9–must–have–components–of–compelling–email–copy.aspx.

38 Puedes ver el estudio completo en la dirección siguiente: *http://www.emailmonday.com/wp–content/uploads/2015/04/National–client–email–2015–DMA.pdf*

- Piensa bien el asunto del correo o la frase principal en las redes sociales. La mayor parte de los usuarios va a decidir seguir o descartar la comunicación en función de la misma, por lo que no es un tema trivial. Aquí lo más importante es centrarnos en la necesidad del cliente –entendiendo la misma como "interés" o "necesidad de información"– y abstenernos de parecer una mera comunicación comercial[39]. Por supuesto en este sentido existen excepciones, sobre todo en aquellos casos en los que nos estamos dirigiendo a personas que se han suscrito a nuestra lista exclusivamente con esta finalidad –por ejemplo si en nuestro comercio hemos recogido información de emails con el único reclamo de avisarles de promociones y descuentos puntuales–.

- Si nuestra comunicación tiene varios subapartados, estos deben ser limpios y claros para facilitarle la tarea al lector a la hora de saber cuáles quiere elegir. Prioriza con colores y tamaños distintos la información que sea más importante.

Boletín de noticias del ICEX donde se diferencian claramente los apartados

39 Si quieres más información sobre cómo elegir bien el asunto lo tenemos más extendido en el artículo de Hubspot que puedes encontrar en la siguiente dirección: *https://blog.hubspot.com/marketing/improve-your-email-subject-line*

- Utiliza, como en el caso de tu contenido ordinario, el tipo de lenguaje que el receptor espera ver. La imagen de marca que estás construyendo –porque, no nos engañemos, nunca se termina de formar debido a que siempre se puede mejorar– debe estar alineada con nuestro tono. No es lo mismo un negocio de moda, donde se espera un lenguaje juvenil e informal, que uno de restauración, donde se espera un lenguaje profesional pero cercano, que un despacho de abogados, donde se espera un lenguaje más técnico y directo. En general lo más recomendable es ser breve.

- En las comunicaciones que tengan que ver con el producto o servicio que ofreces utiliza un lenguaje centrado en los beneficios, no en las características del mismo. Esto ayuda al potencial cliente a empatizar y ver de una manera práctica por qué tu opción es la más adecuada.

- El diseño, en caso de que pueda leerse en varios dispositivos –por ejemplo, un correo electrónico que puede abrirse tanto en un móvil[40] como en un equipo de sobremesa– debe estar preparado para adaptarse a distintas resoluciones de pantalla. Botones grandes y fuentes legibles en terminales pequeños son normas básicas para dar en la diana y facilitar la transmisión de la información y mejorar el ratio de conversión. En palabras llanas: que sean capaces de pulsar en la llamada a la acción de nuestro correo.

- Intenta ser "amoroso" y evita parecer un robot. Es muy conveniente enfocar las comunicaciones hacia las sensaciones. En el caso de un restaurante, por ejemplo, no es lo mismo decir "Aprovecha el descuento de nuestro menú vegetariano durante los próximos siete días" que "Queremos ayudarte a cumplir tus promesas de año nuevo. Por eso hemos preparado un menú vegetariano que te encantará a un precio increíble durante los próximos siete días".

- El diseño también es importante. Como con la comida, lo primero que vamos a valorar de una comunicación es su aspecto y, si no nos gusta, se reducen las probabilidades de leerlo. Si no tenemos un diseñador a mano lo más adecuado es ser limpio y, en la medida de lo posible, inspirarnos en las comunicaciones de la competencia que es referencia del sector.

---

40 No te asustes, pero en la actualidad ya se abren casi el 60% de los correos electrónicos desde un teléfono móvil o tablet. Puedes ver su evolución en múltiples estudios, como los que se hacen eco desde Digital Information World (*http://www.digitalinformationworld.com/2017/02/mobile–email–open–stats–infograph.html*).

2.12.4 Qué no decir y por qué no hacerlo

Publicar contenido de mala calidad no es exclusivo de los novatos. Muchos de los profesionales del SEO se encuentran con momentos de baja creatividad en los que resulta difícil facilitar a sus usuarios información que resulte relevante. En estas situaciones lo mejor es disponer de las herramientas necesarias –ya comentadas en otros puntos de este manual– que nos ayuden a saber qué quieren leer nuestros lectores, y conocer una serie de puntos básicos que nos pueden servir como guía para evitar que la desidia se adueñe de nuestra página web.

Entre estas recomendaciones podemos destacar las que comentamos a continuación, aunque cada sector y empresa podrá ampliarlas o matizarlas en función de sus características propias. Es importante recordar que el contenido de calidad no solo posiciona mejor en los buscadores sino que, además, es más compartido.

Conforme a lo anterior debemos evitar:

- Publicar siempre lo mismo. Aunque ya somos conscientes de qué palabras clave queremos potenciar, no podemos caer en el error de publicar contenido repetitivo que termine no solo siendo poco interesante para los visitantes, sino penalizable desde un punto de vista técnico.
- Ser demasiado comerciales y anteponer nuestra empresa al visitante. Ningún usuario quiere que le estén vendiendo, por lo que hay que cuidar que todos los temas tratados proporcionen un valor añadido. Por supuesto que podemos nombrar nuestro producto –qué menos, para eso es un blog de empresa y no lo ocultamos–, pero siempre en un contexto natural en relación al resto de información dada. De la misma manera hay que evitar "mendigar" o, lo que es lo mismo, pedir cosas al visitante de manera insistente y sin el contexto adecuado. Puede que nos interese tener el correo electrónico de un cliente potencial, pero en vez de pedírselo –por ejemplo con un "suscríbete por favor"– podemos ofrecerle algo a cambio –por ejemplo con un "pon tu correo para tener descuentos exclusivos"–.
- Contenido no actualizado o falto de rigurosidad. Los visitantes que no tienen nada de información van a contentarse con cualquier cosa, pero aquellos que saben de qué se está hablando pueden percibir este tipo de carencias. Además, estos usuarios suelen ser los más evangelizadores, por lo que este aspecto siempre deberá tenerse en cuenta. Por último no podemos olvidar que queremos dar una sensación de profesionalidad, algo que no es compatible con información vaga o poco rigurosa. Eso sí, esto no quiere decir que debamos hablar con palabras técnicas incomprensibles para el visitante medio –hay que adaptar el contenido

a nuestro público objetivo–, pero sí que debe estar contrastado –no debemos tener miedo a poner los recursos en los que nos hemos basado para parte del contenido– y completo.

- Dar información en un tono que no transmita. Cada entrada debe transmitir la pasión que sentimos por el tema porque, en caso contrario, no lograremos transmitirla.
- La entradilla de un artículo es lo primero que va a ver un visitante. Si no engancha, es repetitiva, no contiene información interesante y está mal escrita lo más probable es que no siga leyendo, algo muy negativo porque reduce el tiempo dedicado a la página, aumenta el porcentaje de rebote y disminuye drásticamente la posibilidad de que la comparta.
- El título debe enganchar, pero también tiene que ser descriptivo y no engañar al lector. En caso de que el visitante no encuentre dentro del texto la información que espera se sentirá frustrado entendiendo que ha perdido el tiempo. Esto conlleva una pérdida de posibilidad de conversión –lograr que adquiera nuestro producto o servicio–, y empeorará la imagen que tiene de nuestra marca.
- El contenido debe ser todo lo largo que necesite, pero nunca con relleno o información poco relevante. Un artículo muy largo puede ser interesante si tiene mucha información esta está bien organizada y expuesta, pero siempre nos debemos preguntar si podemos decir lo mismo con menos cantidad de palabras para evitar hacer perder el tiempo al lector. Si desde el punto de vista se recomienda que un artículo tenga un número de palabras mínimo no significa que estas deban ser intrascendentes, sino que el tema tiene que tener suficiente contenido como para necesitarlas.
- La estructura de la información debe ser clara y estar presentada convenientemente. Si el contenido es muy largo podemos hacer un pequeño índice inicial que ayude al lector a entender qué tiene delante de él y cómo se va a afrontar el tema.

2.12.5 Periodicidad y actualizaciones

Ya sabemos qué canales podemos utilizar y cómo realizar las comunicaciones. La periodicidad es también una decisión importante que dependerá del tipo de clientes potenciales que tengamos, de lo que esperen de nosotros y del tipo de información que transmitamos. También resulta esencial el contexto, ya que no es lo mismo un correo electrónico que una actualización en FaceBook.

Hemos comentado que los correos electrónicos son una de las vías más eficaces a la hora de mantener esta relación cliente–empresa, pero también es una de las más intrusivas si no lo hacemos con cuidado. Conforme ha pasado el tiempo hemos asociado nuestro buzón de entrada a algo personal donde no queremos nada que no controlemos. Esta situación obliga a las empresas a estudiar cuidadosamente cada cuánto mandar un correo y qué debe contener. Y, por supuesto, han quedado descartadas desde hace ya varios años las repeticiones de las mismas por la cantidad de bajas en las suscripciones que conllevan.

"Encontrar el equilibrio entre las veces que deseamos contactar con los clientes y las veces que ellos están dispuestos a ser contactados es muy difícil. En este caso es mejor pecar de precavido que lanzarse de manera arrolladora, ya que un suscriptor perdido es difícilmente recuperable."

Un correo electrónico a la semana suele ser una periodicidad aceptable, pudiéndolo ampliar a quince días –o incluso más– si no tenemos información relevante suficiente. Una cantidad mayor de correos nos llevará, casi irremediablemente, a un aumento de los porcentajes de baja en las suscripciones, así como a una disminución de la apertura de los mismos.

En las redes sociales las actualizaciones pueden realizarse de manera más activa –incluso diariamente si tenemos algo interesante que decir–, ya que los usuarios están más acostumbrados a la vorágine de información que hay en este tipo de plataformas y, además, tienen un umbral de aceptación en relación a la intrusión en su vida privada mucho más elevado. Aun así siempre debemos tener en cuenta que la mentalidad con la que se conectan este tipo de usuarios cuando visitan una red social es lúdica –relacionada con el tiempo libre y el ocio–, por lo que nuestras comunicaciones deberán ir por esa vía. Si nuestro modelo de negocio es difícilmente asociable con estos sentimientos deberemos valorar otros canales. Este punto se desarrollará de manera más pormenorizada en el apartado dedicado a las redes sociales.

2.12.6 ¿Cuál es el mejor día de la semana para enviar comunicaciones?

Es muy interesante comprobar que, dependiendo del día de la semana y la hora a la que enviamos el *email* o actualizamos las redes sociales, obtenemos una respuesta mejor o peor. Es decir, parte de nuestro éxito va a residir en cuándo se manda la información a nuestros clientes potenciales.

Evidentemente es distinto si hablamos de enviar un *email* o de una actualización en las redes sociales, porque dependiendo del canal cambia la mentalidad de nuestro cliente potencial. También deberemos diferenciar si ofrecemos bienes o servicios a un particular –B2C– o a una empresa –B2B–. A pesar de ello, y como lo que deseo es transmitir la idea general de que es una situación que puede afectar a los resultados, comentaremos decisiones en este aspecto que son interesantes a nivel agregado –una media de todos las comunicaciones que se mandan–, siendo crucial adaptar los consejos a nuestra situación particular.

Si hablamos de correos electrónicos encontramos distintos estudios que pueden ser de utilidad y que arrojan conclusiones que apuntan a unos días determinados. Por orden de probabilidad de apertura tenemos el martes, miércoles y, por último, el lunes. Comprobemos la gráfica que nos brinda la plataforma Hubspot[41] en base a sus propias estadísticas:

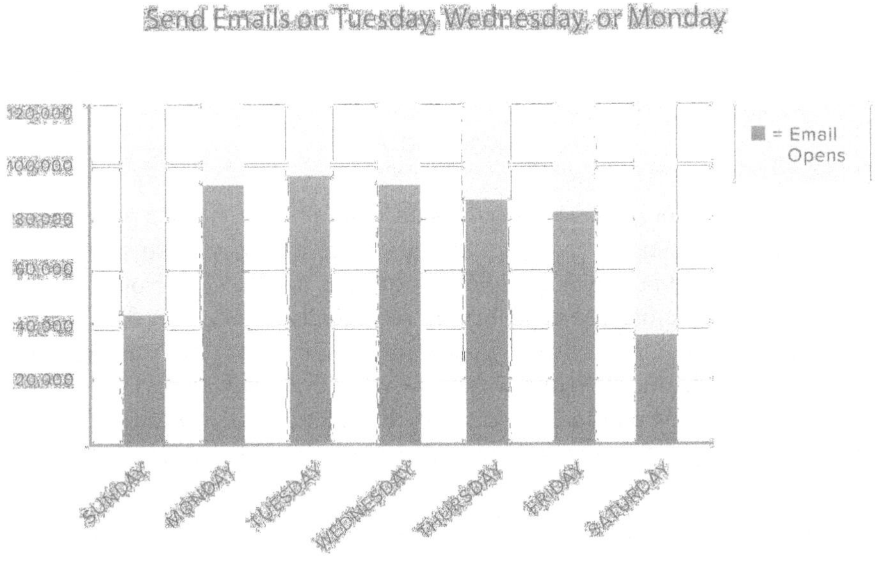

Fuente: Hubspot

41 Puedes ver su artículo completo en *http://www.experian.com/assets/marketing–services/white–papers/email–marketing–quarterly–benchmark–study–q4–2013.pdf*

La empresa Experian[42], especializada en márketing online y en realizar estudios de estas características, arroja resultados similares.

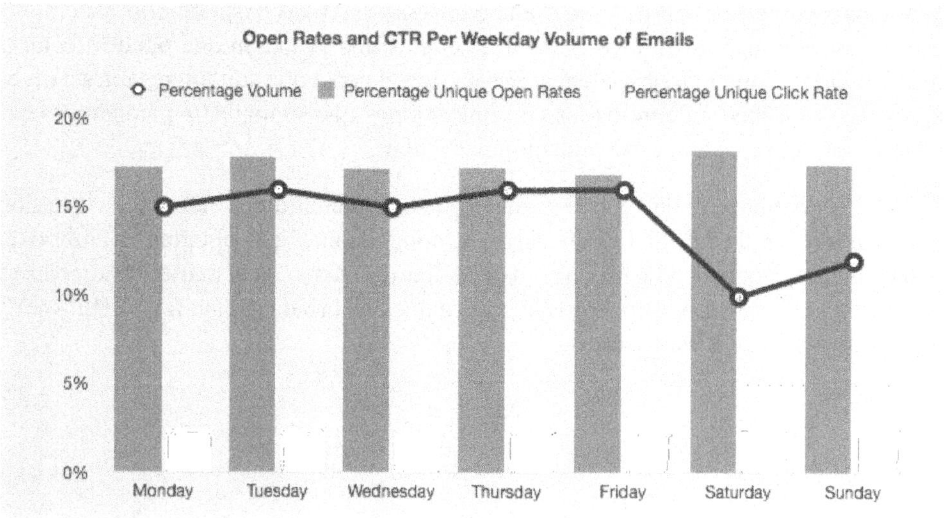

Fuente: Experian

Esto sucede porque los trabajadores de las empresas tienden a recibir muchos emails durante la semana, y suele ser al final de la misma cuando se encuentran más atareados y prestan menos atención a este tipo de comunicaciones. Podemos compensar esta situación, como ya hemos recomendado anteriormente, enviando información que pueda interesarles y proponiendo un asunto que enganche y que invite a leer el contenido del correo. A pesar de ello es indudable que los lunes y martes son días en los que todavía estamos descansados del fin de semana y no tenemos la sensación de tener que terminar una tarea antes del siguiente periodo de descanso.

"Publicar a la hora adecuada puede significar triunfar o fracasar, sobre todo en las redes sociales. Haz experimentos tomando nota de los resultados y establece un mapa de horas que sea adecuado a tu tipo de público."

42 El informe completo puede ser descargado desde *http://www.experian.com/assets/marketing-services/white-papers/email-marketing-quarterly-benchmark-study-q4-2013.pdf*

Siguiendo en el ámbito de las comunicaciones a través del correo electrónico la hora también es un tema importante, sobre todo si queremos hilar lo más fino posible y maximizar el impacto de las mismas. Los estudios sobre el momento del día en el que hay más aperturas de emails evidencian que las 11 de la mañana, cuando hemos aterrizado y gestionado las tareas más importantes que hemos descubierto al llegar tras el fin de semana, es la hora donde más aperturas de emails hay.

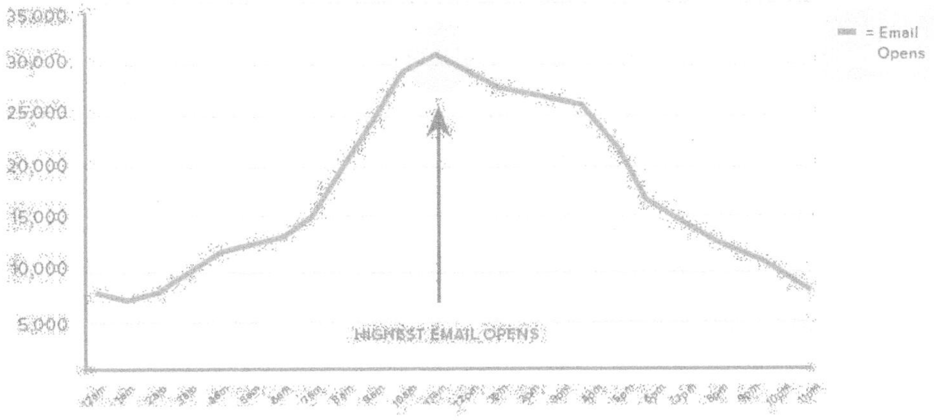

Fuente: Hubspot

La razón por la que la hora puede ser importante es simple: enviar un correo que se queda en cola antes del momento de mayor apertura –por ejemplo a las 7 am– puede significar que se amontone entre otros, mientras que remitirlo justo en el momento en el que más aperturas hay puede significar, para personas que leen cronológicamente de más antiguo al más nuevo, que entre en su bandeja el último y termine abriéndose –en caso de que se abra– horas más tarde. En cualquier caso queda claro que lo más importante al respecto es escoger bien el día de la semana, mientras que la hora pasa a un segundo plano y depende, además, del tipo de comunicación.

En las redes sociales todo cambia un poco debido a la mentalidad que tiene el usuario al acceder a las mismas. Además, una comunicación por esta vía es mucho menos intrusiva debido a la facilidad que existe para desecharlas en caso de no resultar de interés. A diferencia del email, las redes sociales se han asumido por los usuarios como una versión pública de su vida, y un anuncio o comunicación corporativa por esta vía no se ve tanto como una intrusión en su vida privada. Mientras un correo es como si llamáramos a la puerta de su casa, un *tweet* o actualización en el muro de FaceBook es como si viera un cartel publicitario.

El mejor día y hora para actualizar las redes sociales depende muchísimo de nuestro tipo de negocio. Y no solo eso, ya que dentro de un mismo sector existen, también enormes diferencias debido a factores como la edad de nuestros clientes potenciales, su sexo mayoritario, la zona en la que viven, las costumbres del lugar.

Por esta razón han aparecido numerosas herramientas que maximizan el momento en el que se realizan estas actualizaciones. Si no disponemos de las mismas lo mejor será ir probando, apuntar las métricas y aprender, poco a poco, qué decisiones en este aspecto nos dan los mejores resultados.

Para comenzar con buen pie podemos fijarnos en las recomendaciones generales. Coschedule ha unificado varios estudios[43] provenientes de diversas fuentes especializadas en márketing digital –artículo especialmente interesante porque, además, diferencia entre cada una de las redes sociales en función del comportamiento de sus usuarios–, y los resultados establecen que son los últimos días de la semana los que provocan más respuestas. En cuanto a la hora, casi todos coinciden en que es la primera de la tarde la más adecuada, ya que es cuando la mayor parte de los trabajadores vuelven de su jornada laboral y desean desconectar antes de acudir a su *hobbie* habitual.

43 Tienes el artículo completo en https://coschedule.com/blog/best–times–to–post–on–social–media/.

3

SEO EN TU PÁGINA WEB: LO QUE ESTÁ ESCONDIDO

3.1 INTRODUCCIÓN

El SEO es un mundo prácticamente inabarcable donde cada día se aprenden cosas nuevas. Lo que hemos visto hasta ahora eran puntos que, aunque pueden ser más o menos técnicos, son bastante visibles desde el exterior.

En este capítulo vamos a estudiar un poco por encima otros puntos que resultan cruciales dentro de nuestra estrategia de posicionamiento pero que están más ocultos y, por tanto, suelen pasar desapercibidos por muchos empresarios que intentan llevar la estrategia SEO por sí mismos.

3.2 LINKBUILDING: AUTORIDAD DE DOMINIO Y BACKLINKS

Los backlinks son uno de los mayores quebraderos de cabeza para cualquier especialista en SEO, ya que se trata de uno de los puntos más importantes que tiene en cuenta un buscador para saber cuál es la autoridad de nuestro dominio y de cada página concreta de la web. Pero vamos por partes para entender todos los conceptos. De nuevo, y como vengo diciendo durante todo el manual, vamos a estudiar un poco cada una de las ideas sin entrar a profundizar en demasía limitándonos a explicarlas lo suficiente como para, por un lado, poder actuar de manera autónoma sabiendo qué puede ser bueno o no para nuestra página web y, por otro, para poder negociar con cierta propiedad a la hora de contratar a una empresa especializada en SEO.

"Google penaliza con fuerza cualquier estrategia artificial para lograr posicionamiento orgánico. Por esta razón debemos ir con sumo cuidado en puntos de especial importancia y que son revisados con cautela tanto por sus algoritmos de manera automática como por sus trabajadores de forma manual. Lo mejor, como siempre, es aplicar el sentido común y no dejarnos llevar por trucos o trampas."

3.2.1 ¿Qué es la autoridad de dominio y de página?

Con este concepto nos estamos refiriendo a la cantidad de páginas que apuntan a nuestra web –es decir, que tienen un link a nuestra página– debido a que tenemos información a la que han hecho referencia por su interés, autenticidad y relevancia dentro del sector.

La autoridad de dominio y de página influye directamente en la posición que tendremos en las búsquedas ya que, entre otras cosas, indica al buscador hasta qué punto somos una referencia en el mundo digital. Por tanto y a modo de resumen, a más autoridad de dominio más probabilidades tendremos de salir en las primeras búsquedas ante una palabra competida. Como siempre esta medida es relativa, ya que hay que tener en cuenta la autoridad del resto de páginas que optan por las mismas palabras clave.

En este campo se diferencian los conceptos de "autoridad de dominio", por un lado, y de "autoridad de página" por otro. El primero se refiere a la autoridad general de todo el dominio como una ponderación de todas las referencias que se hace a nuestra web –asignando distintos pesos en función de varios criterios–. La autoridad de página, por su parte, se refiere a la autoridad concreta de una página de nuestra web –por ejemplo un artículo de nuestro blog–, y que depende exclusivamente de las referencias recibidas a la misma.

Si un artículo es muy interesante y exclusivo es probable que tenga muchos links que lo apunten desde otras páginas, por lo que su autoridad de página aumentará. Sin embargo, y aunque este aumento influirá en la autoridad de dominio, esta autoridad de página verá su impacto diluido con las autoridades del resto de páginas de nuestra web. En términos generales es más sencillo lograr una buena autoridad de página de un artículo en concreto cuando es muy exitoso que una autoridad de dominio más amplia ya que lo logrado se diluye entre todas las páginas existentes. Así mismo es más probable que la autoridad de página de nuestra landing page principal –lo que conocemos como la "home"– sea superior a la autoridad del dominio por el mero hecho de que la mayoría de las páginas que nos refieren suelen hacerlo a nuestro dominio general.

Esta situación ha hecho que muchos expertos en SEO nos hayamos planteado alguna vez si es mejor tener pocos artículos muy exitosos, o bien muchos artículos –siempre interesantes, por supuesto– que tengan una autoridad menor. Esta duda viene dada porque Google no nos indica cómo son sus algoritmos y hasta qué punto se diluye la autoridad de página en el dominio general.

> *"En una Landing Page referencia dentro de nuestra página web será más adecuado centrarse en mejorar su autoridad de página frente a la autoridad de dominio, ya que esta es más sencilla de mejorar y tiene una importancia similar en su posicionamiento particular."*

Por último comentar que no podemos saber cuál es la autoridad de nuestro dominio según Google, aunque existen herramientas que nos pueden ayudar a hacernos una idea. Una de las más conocidas y con la que podemos experimentar gratuitamente es el Open Site Explorer de MOZ[44], aunque existen muchas[45] otras que podrían sernos de utilidad.

3.2.2 Backlinks

Siguiendo lo anterior y con la intención de completar todos los conceptos el siguiente punto que debemos abarcar es el de los backlinks. Estos no son más que los links que apuntan a nuestra página, es decir, aquellos que provienen de terceros hacia nuestro dominio. Un ejemplo: el link que pongo en mi blog –web A– apuntando a una página que he utilizado como referencia – web B– para la información publicada será un backlink para dicha página –web B–.

Es muy importante entender que no todos los backlinks mejoran nuestra autoridad de dominio y que esto dependerá de varios factores. A continuación vamos a ver cuáles son los links adecuados, así como los tipos que existen.

---

44 Puedes acceder a través de su link https://moz.com/researchtools/ose/.

45 Otras opciones pueden ser interesantes. Tenemos un artículo dedicado al respecto en *http://www.earningguys.com/seo/domain–authority–checker/*. También hay otras opciones de pago en las que no nos vamos a meter en este manual.

3.2.2.1 BACKLINKS 'DOFOLLOW' Y 'NOFOLLOW'

Un link o enlace es "dofollow" o "nofollow" en función de la etiqueta informada en el código de la página y que avisa al buscador sobre si el mismo es o no interesante, y si debe tenerlo en cuenta como referencia de la información ofrecida en la página. Por defecto, cualquier link es "dofollow" –es decir, si en el código interno del mismo no se informa del tipo de enlace será de este tipo–, por lo que es necesario que la página establezca expresamente que un determinado enlace es "nofollow" si así lo desea.

La etiqueta "nofollow" se creó para poder avisar a los buscadores de que ciertos links externos que podíamos tener en nuestra web se trataban de enlaces poco interesantes, de publicidad o, directamente, no controlados por nosotros –por ejemplo aquellos puestos por los usuarios en los comentarios de un artículo–. Hay que tener en cuenta que los buscadores como Google estudian la relevancia de nuestro contenido, en parte, en función de las referencias existentes en las que nos hayamos basado. Un *banner* de publicidad, por ejemplo, puede aparecer en varias zonas de una web, pero no significa que sea relevante para la misma.

Por otro lado los buscadores quieren dar los resultados más ajustados a la realidad posible. Podemos entender, por tanto, que un link "pagado" –aunque en la práctica se hace, y mucho– no tiene por qué significar que la página a la que apunta es interesante. En estos casos Google recomienda ponerlo con la etiqueta "nofollow" para avisar de que se trata, realmente, de publicidad.

¿Significa eso que no puedo comprar backlinks? Sí y no. Significa que en teoría no puedes hacerlo y que, en caso de que seas "descubierto", penalizarán la autoridad de tu dominio. Lo mejor en estos casos es que, si se llega a un acuerdo con alguna otra página para que establezca un link a tu dominio, se haga de manera natural con información relevante tanto en la página de origen del enlace como en aquella a donde apunta. No debemos olvidar que el esquema de links está completamente prohibido y que si Google descubre que se están realizando este tipo de prácticas penalizará de manera crítica el posicionamiento de la página. Nuestros esfuerzos, por tanto, deben ir siempre dirigidos a ganarnos los backlinks por la calidad del contenido, no a lograrlos por medio de dinero.

Por último, y aunque los backlinks que más nos interesan debido a que son los que más aumentan nuestra autoridad de dominio son los "dofollow", es justo decir que poseer links "nofollow" también puede influir –aunque de forma más sutil– en nuestra página. Los links "nofollow" no aumentan directamente nuestra autoridad, pero sí que se tiene en cuenta el ratio "links dofollow/nofollow" como indicio para saber si una página está comprando backlinks. En general, Google ve muy raro –y, de hecho, penaliza directamente– cuando una página tiene muchos backlinks "dofollow" y muy pocos "nofollow", ya que no es natural.

Para terminar de tener una panorámica de lo que sucede podemos decir que Google da una puntuación a nuestra página en función de los links que posea y que nosotros, si ponemos un link "dofollow" en la misma, estamos dando parte de nuestra autoridad a la página a la que apuntamos –conocido como "link juice" y que no sucede si ponemos un link "nofollow"– pero, a su vez, estamos indicando tanto al buscador como a nuestros visitantes las referencias en las que nos hemos basado para hacer nuestro contenido. En general a Google le interesa saber que una información está basada en fuentes fidedignas, por lo que es conveniente poner un link "dofollow" y lograr perder un poco de autoridad de página pero mejorar el interés de la información, algo que también se tiene en cuenta a la hora de posicionarnos en las búsquedas.

3.2.2.2 CALIDAD DE LOS BACKLINKS

Conseguir backlinks es importante, pero hay que tener cuidado con la calidad de los mismos. Y es que tener un backlink de una página catalogada como SPAM –por poner un ejemplo– puede penalizarnos gravemente.

> ***"En una estrategia profesional de backlinks hacer un seguimiento tanto de los links dofollow como de los nofollow es importante con la intención de minimizar aquellos que son de baja calidad."***

Y te preguntarás: ¿por qué me tiene que importar a mí si un backlink es de baja calidad si aparece en una página que no controlo al ser de un tercero? Pues porque un backlink en una web catalogada como "mala" por Google puede empeorar, y mucho, nuestro posicionamiento SEO. Aunque parezca contradictorio.

La razón de que ocurra esto es para evitar la aparición de directorios de páginas que vendan la publicación de backlinks. Hace un tiempo, cuando los backlinks eran lo más importante en el posicionamiento web, era común esta práctica logrando, incluso, que ciertas páginas aparecieran en las búsquedas cuando estas eran claramente poco interesantes. En la actualidad un backlink es difícil de obtener, por lo que debemos hacer un seguimiento de los que tengamos –algo que podemos hacer, por ejemplo, a través de Search Console o plataformas de pago como Semrush– para cuidarlos, mejorarlos y ampliarlos.

3.2.2.3 ¿CÓMO PUEDO CONSEGUIR BACKLINKS?

No es una respuesta sencilla, ya que cualquier paso en falso en este ámbito –y me refiero, sobre todo, a la compra de backlinks– puede tener como consecuencia la caída del posicionamiento de nuestra página.

Podemos diferenciar la obtención de backlinks en distintos grupos:

- De manera orgánica y natural, esto es, aquellos que surgen porque lo que está publicado en nuestra web es interesante y otras páginas hacen referencia a ello. Para lograr backlinks de estas características necesitamos, por un lado, artículos de mucha calidad que sean únicos y, por otro, que otras páginas los hayan leído. La única fórmula al respecto es, sencillamente, contactar con los propietarios de otras páginas web a las que creamos pueden interesarles nuestro contenido con la esperanza de que nos nombren en uno de sus artículos.
- Pagando. Pero no nos engañemos, los milagros no existen ni siquiera a cambio de dinero, sobre todo si tenemos en cuenta la labor constante que está realizando google –en ocasiones gracias también a los propios usuarios[46]– para detectar cuándo se ha pagado por un backlink. Nos jugamos mucho, por lo que debemos ir con pies de plomo y no tomar decisiones que no estén bien argumentadas y que tengan sentido. Y, por supuesto, es necesario tener siempre presente que nadie regala nada. Por tanto ya podemos ir descartando los "paquetes de links" que se pueden encontrar fácilmente por Internet a bajo precio. Lo mismo sucede con los directorios de empresas y similares. Lograr un backlink debe derivarse SIEMPRE de su buen contenido o, por lo menos, de una referencia a nuestra página porque los lectores de la otra la vean interesante. Así pues es inevitable que dicho backlink se encuentre entre texto de interés, que no tenga apariencia de anuncio y que apunte a la zona correcta de nuestra web.
- Por medio de otras acciones alternativas. Podemos encontrar en diversos blogs especializados algunas recomendaciones para obtener backlinks que se centran, principalmente, en hacer favores a otras páginas o empresas y esperar que nos los devuelvan con un backlink de calidad[47].

---

46 Puedes denunciar varios aspectos negativos de una web, entre otros backlinks de pago, desde la siguiente dirección: *https://www.google.com/webmasters/tools/spamreport?hl=en&pli=1*. Ten en cuenta que, de la misma manera que lo puedes hacer tú, también es una opción de tu competencia.

47 Algunos ejemplos los tenemos en el blog de Luismvillanueva (*http://luismvillanueva.com/seo/tecnicas-conseguir-backlinks-calidad.html*) o SEO Díaz (*http://seo-diaz.com/9-tecnicas-para-conseguir-backlinks/*).

Como no es objeto de este manual centrarnos en este tipo de prácticas y dependen mucho del conocimiento técnico web y de la psicología lo dejaremos en este punto, con posibilidad de completar la información en las referencias que se han dado.

En cuanto le demos alguna vuelta al asunto llegaremos a una conclusión que parece lógica pero en la que, desde el principio, vemos que algo falla. Si los backlinks son tan importantes, ¿por qué no nos ayudamos los unos a los otros y nos intercambiamos los enlaces? Existen una serie de prácticas "prohibidas" por Google entre las que encontramos esta misma –junto a otras como las que ya hemos nombrado relacionadas, por ejemplo, con la compra de backlinks–. Y tiene sentido: si lo que Google quiere es que el contenido sea interesante, y para saberlo toma como indicio los links que apuntan desde otras páginas, de alguna manera tendrá que limitar las trampas. Para ello mejoran el algoritmo de forma continua, dándonos pistas de vez en cuando de lo que toma como válido y lo que no[48].

3.2.2.4 ME VENDEN BACKLINKS MUY BARATOS ¡QUÉ GANGA!

Si encontramos una opción que vende backlinks baratos podemos estar en uno de los dos casos que siguen:

- Se trata de un estafador que te está vendiendo, en el mejor de los casos, backlinks de baja calidad que pueden penalizarnos. No es recomendable invertir en este tipo de "paquetes" ofertados, generalmente, a través de canales poco transparentes –tipo foros y similares– ya que llevan a la ruina de nuestro posicionamiento.
- Se trata de empresas que juegan con medias verdades, informando solo de una parte del contenido del paquete para que sea atractivo y que, al compararlo con otros que realmente son de más calidad, salga ganando el suyo por el precio. Normalmente se trata de directorios de empresas cruzados que publican links de manera sistemática.

48 Es cierto, la transparencia no forma parte de la política de Google. Pero eso es bueno, ya que obliga a utilizar el sentido común a las personas que nos dedicamos a esto, a no utilizar trampas y, lo que es más importante, a aprender todos los días. Puedes ver un listado de las acciones que expresamente prohíbe Google en su correspondiente apartado de ayuda: https://support.google.com/webmasters/answer/66356?hl=en.

3.2.2.5 ME VENDEN BACKLINKS Y SON MUY CAROS ¡VAYA ESTAFA!

Cuando nos metemos en el mundo del linkbuilding podemos caer en la falsa creencia de que los backlinks que nos "venden" –lo pongo entre comillas porque en teoría lo que compras es un artículo de interés para los lectores teóricamente sin publicidad directa que apunta a tu página– son demasiado caros para lo que ofrecen. "Si solo es poner un link en su página, no tienen que hacer nada " suele ser una afirmación que escucho constantemente entre mis clientes.

Pues bien, en este punto voy a explicar por qué un backlink cuesta dinero, y por qué es un servicio que no debemos infravalorar:

- El backlink conlleva, por el ya nombrado link juice, una dilución de la autoridad del dominio hacia la página que apunta. En pocas palabras, una pequeña parte de esta autoridad se la estamos entregando a la página a la que enlaza. Esto, como podemos entender, conlleva un coste.

> ***"Cualquier backlink tiene, a final de cuentas, un trabajo detrás que conlleva un coste. Entendiéndolo de esta manera podremos comprender el precio por el que se valoran."***

- El backlink viene de una página que ha trabajado por su posicionamiento y por su autoridad de dominio. Es cierto que cuando contratamos el backlink solo vemos el momento de su publicación, pero detrás hay muchos años de trabajo para lograr una página bien posicionada y con autoridad.

3.2.3 ¿Qué es más importante, el linkbuilding o contenido de calidad?

Me encanta esta pregunta porque hasta hace poco, debido a las trampas que muchas empresas utilizaban, tenía una respuesta diferente. En la actualidad no es que el contenido sea más importante, es que sin contenido no tienen sentido los backlinks. ¿A qué parte de nuestra web se van a referir el resto de páginas si no hemos contado nada? ¿Tiene sentido que solo apunten a nuestra *home*? ¿No se ve claramente, si hacemos eso, que todos los backlinks son comprados –algo que Google prohíbe expresamente–?

Por tanto, de la misma manera que un buen marisco es necesario para hacer una paella de marisco, no es menos cierto que sin arroz no vamos a ningún sitio. El contenido es el alma de nuestra web, donde recopilamos la información interesante para las personas que queremos que nos visiten, donde desarrollamos nuestras palabras clave y, en definitiva, donde nos mostramos como una opción única y hacemos crecer nuestra imagen de marca[49].

Si no tenemos contenido no merece la pena que empecemos a desarrollar nuestro linkbuilding porque será completamente antinatural y no lograremos otras referencias orgánicas.

3.2.4 Mejorar la autoridad de dominio

La autoridad de dominio entendida conforme a la definición de MOZ se basa en la cantidad de backlinks que tengas, calculándose no solo en función de la cantidad, sino también de la puntuación o calidad de los mismos.

Para mejorar nuestra autoridad podemos seguir una serie de consejos[50] que pueden ser útiles no solo en nuestra intención cortoplacista de ser los mejores, sino como guía de actuación general.

- Optimiza tus propios links. Utiliza el "anchor text" –el texto sobre el que hay que pulsar para seguir el link– adecuado y natural. Evita el uso de textos genéricos como "haz clic aquí" o similar, ya que no proporcionan información y reducen la experiencia de usuario. Tampoco utilices el "anchor text" de forma fraudulenta intentando remarcar las palabras clave que te interesan sin que sea natural.
- No utilices la etiqueta "nofollow" para tus links internos, y revisa que tu CMS no lo está haciendo de manera automática.
- Haz que tus links lleven a otros artículos de calidad e interesantes para tus lectores. Recuerda que un link a una página externa comparte tu autoridad de dominio, pero no es natural establecer todos los links externos como "nofollow", ya que generalmente es imposible que nuestro contenido, aunque sea en parte, no esté basado en otras fuentes.
- Utiliza el link juice para dar un poco de la autoridad de página de tus artículos estrella a otros que no lo sean tanto a priori pero que tengan potencial de crecimiento.

---

49 En esta línea se mueve coach2coach, que coincide en que el contenido son los cimientos y que sin ellos no podemos mejorar http://coach2coach.es/linkbuilding–enlaces–dofollow–y–nofollow/.

50 Algunos de estos consejos se encuentran en publicaciones muy relevantes como la revista FORBES (*https://www.forbes.com/sites/johnrampton/2017/01/21/how–to–increase–domain–authority/#7c304c7b2758*).

- Pon links de páginas con alto nivel de tráfico a otras que tienen potencial pero que, actualmente, poseen menos visitas.
- Haz una buena cantidad de contenido de calidad. Esto facilitará que otras páginas se refieran al mismo, ya que tiene interés independientemente del resto.
- Comparte tu contenido en las redes sociales. Aunque no queda claro que este tipo de links externos nos vayan a reportar autoridad o posicionamiento directo, parece reconocido que los buscadores sí que tienen en cuenta ciertos indicadores de repercusión de los mismos y, por otra parte, ofrecen una cantidad de tráfico que puede resultar muy beneficioso[51].

3.3 CONTENIDO BIEN SUBIDO. AUDITORÍA DE CONTENIDO.

Ya hemos hablado sobre cómo debemos subir el contenido a nuestra web, por lo que ya comprendemos por qué es importante tener cuidado con ciertos puntos a la hora de facilitárselo a nuestros visitantes si queremos desarrollar un buen posicionamiento. Por esta razón se hará necesario, si nuestra página lleva activa un periodo de tiempo superior a aquel en el que comenzamos a aplicar la estrategia de posicionamiento, hacer una auditoría para corregir todos aquellos puntos que no estén correctos.

Para ello vamos a nombrar dos herramientas de entre las cientos que existen ya que son sencillas de utilizar y nos pueden ayudar a, en pocas jornadas –dependiendo de la cantidad de información de la que ya dispusiera nuestra página–, arreglar y poner en orden nuestra web.

- Yoast SEO[52]. Se trata de un plugin para Wordpress por lo que si tu página funciona con otro CMS –gestor de contenido– no podrás instalarlo. Ya hemos hablado de él y de que, a pesar de que tiene varios puntos negativos, puede ser una buena manera para "aterrizar" y llevar un seguimiento de aquellas páginas de las que ya hemos revisado los puntos básicos de SEO.

---

51 Interesante artículo el publicado en Seopressor donde, además, se nombra la importancia de las redes sociales. http://seopressor.com/blog/how–to–increase–domain–authority/.

52 Su página oficial como plugin de Wordpress la puedes consultar en https://es.wordpress.org/plugins/wordpress–seo/.

- ScreamingFrog[53]. Es un pequeño programa con versión gratuita que permite hacer una auditoría básica a nuestra página web y que nos puede indicar, de forma masiva, el tamaño de nuestras imágenes –y saber cuáles nos están ralentizando la web para poder cambiarlas–, qué páginas tienen metadatos duplicados, links rotos, etc. En general se trata de un programa básico para realizar una revisión automática de aspectos que resultan cruciales en relación al posicionamiento.

3.4 CONTENIDO DUPLICADO

El contenido duplicado no le gusta a los buscadores. De hecho no les gusta nada de nada. Por esta razón deberemos tener mucho cuidado en este aspecto y no publicar ningún contenido que se encuentre no solo en otras páginas, sino en la nuestra propia.

Si el contenido lo hemos redactado nosotros mismos no existe ningún problema, ya que es relativamente sencillo saber que no estamos tomando texto prestado y, en pocas palabras, seguir las pautas básicas para evitar este tipo de problemas. Estas se reducen a que los textos deben ser originales y que, si nos basamos en otra fuente, no utilicemos más cantidad de la necesaria para dejar claro nuestra idea.

"Los buscadores utilizan la fecha de actualización de contenido para saber, ante dos que son iguales, cuál es el original. Por esta razón, si vamos a subir un artículo que consideramos muy interesante y tenemos miedo de que la competencia nos lo copie antes de que pasen los robots de Google, podremos enviarlo manualmente al buscador a través de Google Search Console."

No existe un porcentaje de "cantidad copiada" dentro de un texto que nos ayude a saber a partir de cuándo Google –u otros buscadores– lo considerarán plagio pero, si nos ceñimos exclusivamente a los términos de posicionamiento y obviamos los legales, siempre deberemos citar al autor con un link a la página de donde se extrajo la cita. Y, por supuesto, esta no debe significar una gran parte del texto o estaremos publicando algo que no es original y sobre lo que no aportamos nada nuevo, y los buscadores lo penalizarán.

---

53 Puedes visitar su página oficial y descargar la versión gratuita desde aquí: *https://www.screamingfrog.co.uk/seo–spider/*

Si el contenido que vamos a publicar es original pero se encuentra escrito por terceras personas el asunto se complica un poco más. Generalmente estas situaciones suelen venir a través de servicios de agencias de publicidad y/o SEO o similar, y de trabajadores internos a los que les permitimos escribir contenido de nuestra página. Si el servicio es externo, como sucede en el primer caso, es conveniente establecer una cláusula que penalice estas prácticas porque, al fin y al cabo, pueden ser muy perjudiciales para nuestra empresa. Si el contenido proviene de un trabajador interno es conveniente hacer una auditoría periódica de los artículos que nos envía –bien mediante una de las herramientas de pago que comparan contenido plagiado, bien haciendo una búsqueda aleatoria en Google de regiones del texto– para comprobar que este es único en términos generales.

A nivel interno de la web sucede en ocasiones que no podemos evitar tener páginas duplicadas. Por ejemplo, si nuestra estructura web está organizada de forma que existan categorías similares que cojan el texto de un mismo lugar, o si hay landing pages que, aunque con fines distintos, tienen un contenido muy parecido. En estos casos tenemos a nuestra disposición la etiqueta "canonical", que nos permite indicar a los buscadores qué página del conjunto de páginas con contenido similar es la principal, y cuáles son una copia de esta. Así le estamos diciendo al buscador que sabemos de esta situación de contenido duplicado, pero que nos resulta inevitable y que no lo hacemos como un truco, le facilitamos la labor para saber cuál es la página que debe indexar y a cuál debe dirigir a los usuarios que realicen una búsqueda sobre ese tema.

Las consecuencias de publicar contenido duplicado son, básicamente, una penalización en el posicionamiento. Evidentemente no es lo mismo copiar contenido externo que interno, siendo el primer caso más perjudicial para el SEO de nuestra web, aunque ambos deben evitarse. Por supuesto hecha la ley hecha la trampa, y existen varias páginas que ofrecen un servicio de cambio automático del texto asegurando que los algoritmos de los buscadores no lo pueden identificar. Como profesional no me queda más que recomendar no utilizar este tipo de servicios ya que, aunque es posible que algunos de ellos funcionen en el momento en el que escribo este manual, es una actitud que se persigue por empresas como Google, y en el momento en el que la tecnología mejore se detectará. Y la penalización será inevitable.

3.5 OTROS PUNTOS QUE ESTÁN ESCONDIDOS Y DEJAMOS BAJO LA ALFOMBRA

"Posicionamiento web para todos" tiene como finalidad acercar el posicionamiento a todos aquellos empresarios que quieren mimar su presencia en Internet y que, además, necesitan tener la información suficiente como para tomar decisiones acertadas dentro de este ámbito.

Lo anterior implica, por tanto, que no nos vamos a adentrar en temas de desarrollo web aunque, con la intención de ponerles en igualdad de condiciones ante profesionales del SEO o del desarrollo web –o, por lo menos, darles las herramientas suficientes para que hablen y negocien este tipo de servicios con propiedad–, sí que me parece importante acercar un poco algunos aspectos de la web que pueden ser importantes en este ámbito.

En pocas palabras: lo que ya se ha expuesto hasta este punto podría ser suficiente si tu intención es saber hasta qué punto está en tu mano mejorar el posicionamiento de tu página, y lo que viene a continuación puede ayudarte a saber de qué te están hablando cuando negocies este tipo de servicios.

3.5.1 AMP (Accelerated Mobile Pages)

Estas siglas se refieren a un proyecto de código abierto que tiene como objetivo lograr un estándar de páginas web rápidas y eficaces en entornos móviles. Es una iniciativa liderada por Google y, aunque existen otras similares, esta es la que parece que se está imponiendo. A efectos prácticos se trata de una versión de las páginas web preparada para ser visualizada en dispositivos móviles de una forma más rápida y con un consumo menor de datos que la habitual. A diferencia de la versión de resolución adaptable, esta se debe cargar por petición expresa del navegador que se está utilizando.

Conocer este concepto es muy importante dentro del SEO debido a que, con la intención de que la experiencia del usuario en dispositivos móviles sea la mejor posible, buscadores como Google premian su existencia y correcto funcionamiento. Así pues el posicionamiento de las páginas con AMP suele ser mejor si el resto de puntos valorados por el buscador están en la misma situación.

Como los requisitos para que esté correctamente implementado son muy estrictos, Google Search Console tiene un apartado dedicado exclusivamente a este estándar donde nos indica, punto por punto, qué errores existen en la web analizada y algo de información sobre cada uno de ellos para que el desarrollador de la misma los pueda solucionar.

3.5.2 Sitemap

Aunque los robots de los buscadores rastrean las páginas web de forma cada vez más habitual, sigue siendo conveniente facilitar a los buscadores el rastreo de la página, indicándoles cuál es su estructura, cómo está organizada y cuáles son los nuevos apartados que hemos creado.

Para ello disponemos de la posibilidad de crear un pequeño archivo llamado "sitemap", donde se informa de todas las páginas de una web de las que se desea facilitar la indexación. Ten en cuenta una cosa: no es necesario que esté contenida una página en un sitemap para que se indexe por los buscadores. Sencillamente les ponemos más fácil que las rastreen, ya que no tienen que buscarlas para encontrarlas.

"La creación del Sitemap no mejora el posicionamiento, pero facilita a los buscadores la indexación haciendo que esta se realice de forma más rápida y eficiente. Esto tiene como consecuencia que el nuevo contenido esté disponible antes en los resultados de búsquedas."

De hecho, en la actualidad existen muchas corrientes que dan cada vez menos importancia a este aspecto de la página. Desde mi punto de vista, y al ser algo sencillo de configurar que no requiere de especial inversión –de hecho muchos CMS lo hacen de forma automática–, es conveniente tenerlo hecho para que el buscador no tenga dudas de la jerarquía de la página y de su organización, especialmente si nuestra web es grande y posee muchas páginas en su interior.

3.5.3 No indexación voluntaria e involuntaria

Es importante saber que existe la posibilidad de que una página concreta no se indexe por los buscadores. Para ello no tendremos más que añadir un pequeño aviso en la misma –en forma de etiqueta html– que le advierta de esta situación. Parece poco útil, ya que nuestra intención es posicionarnos y la no indexación es contraria a este concepto, pero si nos paramos a pensar es una herramienta necesaria para ciertas partes de nuestra web que, o bien no tienen que ver con nuestro modelo de negocio –pensemos, por ejemplo, en nuestro aviso legal–, o bien no queremos que estén por su baja calidad de contenido –pensemos en un formulario relacionado con quejas–.

Si disponemos del CMS Wordpress será tan sencillo como instalarnos algún plugin –como, por ejemplo, el plugin de YOAST– que nos permita añadir dicha etiqueta de manera rápida y sencilla.

Lo anterior viene referido a la no indexación voluntaria, pero existen situaciones en las que la misma sucede sin que nosotros lo deseemos. Esto suele darse cuando ciertas zonas de nuestra web no cumplen el mínimo establecido por los buscadores como para que sean añadidas a los potenciales resultados de búsquedas.

Estos casos no son deseables, y deberemos ser capaces de solucionarlos a la mayor brevedad.

> ***"La no indexación involuntaria debe ser corregida con rapidez, ya que estará reduciendo nuestra exposición en los resultados de búsquedas. Además, puede ser un indicio de que la calidad de nuestras páginas no ha pasado la criba de los buscadores."***

Una buena manera para saber qué páginas han sido rechazadas en la indexación es por medio de Google Search Console, que dispone de un apartado dedicado expresamente a este punto y que nos indica tanto la cantidad total de páginas no indexadas como un detalle pormenorizado de cada una de ellas.

3.5.4 HTTPS

Es un protocolo basado en HTTP –el más extendido en la actualidad–, con la diferencia de que utiliza un cifrado especial para garantizar que la información transmitida no pueda ser utilizada por un potencial atacante que la haya conseguido interceptar. Esto es especialmente importante cuando se envía y recibe información sensible –pensemos en usuarios y contraseñas, gestiones bancarias, etc.–, situaciones en las que los usuarios deben comprobar que la dirección de la web en la que se encuentran comienza por HTTPS y no por HTTP. Algunos buscadores avisan de que el visitante se encuentra en una página cifrada con el símbolo de un candado junto a la barra de direcciones.

Aviso en el navegador "Chrome" de que la página utiliza un cifrado seguro

Conocer este concepto es relevante en el ámbito del posicionamiento debido a que, al encontrarse el visitante más protegido durante su navegación por una página que lo tenga implementado, es una situación premiada por los buscadores. Además, y como en la actualidad no conlleva un aumento del gasto –más allá de su implementación inicial, que suele tener un coste por el trabajo del desarrollador–, es una característica de la que no debemos prescindir aunque nuestra web no intercambie información sensible.

3.5.5 Migraciones de dominio

En este punto nos estamos refiriendo a un cambio en la URL. Este tema es peliagudo, pero conocer los peligros que conlleva una migración de dominio es importante para negociar correctamente con la empresa que nos lo realice.

En pocas palabras, una migración de estas características lleva aparejado un cambio en las URLs de nuestra página, por lo que debemos informar correctamente a los buscadores de esta situación. En caso contrario perderemos parte, si no todo, de nuestro posicionamiento orgánico, algo que puede significar mucho dinero y trabajo.

Para hacer una migración de dominio correctamente es necesario establecer un redireccionamiento permanente –o, lo que es lo mismo, un redireccionamiento con código 301– de todas y cada una de las páginas a las nuevas, por lo que el dominio antiguo deberá permanecer activo con esta información el tiempo suficiente como para que los buscadores asimilen el cambio. Además, este redireccionamiento no solo hace que cuando un visitante escriba la dirección antigua le lleve automáticamente a la nueva, sino que, al ser permanente, indica a los buscadores que la nueva sustituye a todos los niveles a la antigua y que, por tanto, el posicionamiento debe ser el mismo.

> ***"Equivocarnos al realizar una migración de dominio puede significar la pérdida de todo el posicionamiento logrado, por lo que no podemos dejarlo en manos de personas que no sean profesionales. Además, y por lo menos en el momento inicial, es conveniente que la equiparación de las páginas antiguas con las nuevas sea exactamente el mismo para evitar que los buscadores encuentren incongruencias."***

En este punto queda en manos de los propios buscadores trasladar el posicionamiento de la página antigua a la nueva pero lo cierto es que, por razones de utilidad y práctica real, esto termina haciéndose. Puede existir un pequeño bajón temporal, pero a la larga, y si todo se ha realizado correctamente, el posicionamiento volverá a ser el que era.

4

LAS REDES SOCIALES, ESCURRIDIZAS ALIADAS

4.1 INTRODUCCIÓN

El SEO tiene mucho que ver, aunque no lo parezca, con las redes sociales. Y es que el posicionamiento de la página no solo está relacionado con los buscadores tradicionales como Google o Bing, sino también con nuestra capacidad para destacar y crear respuestas en este tipo de webs. Es importante poner de manifiesto que muchas de nuestras visitas pueden provenir de estas vías. De hecho, cada vez sucede más que las visitas a nuestra página vienen desde este tipo de canales. ¿Sabías que en el último trimestre de 2014 ya provinieron más del 30% de las visitas globales a las páginas web a través de las redes sociales[54]? ¡Y lo que ha llovido desde entonces!

54 Shareaholic publica de manera periódica estadísticas interesantes como esta. La que nombramos aquí puedes consultarla desde la entrada publicada en su blog en la siguiente dirección: https://blog.shareaholic.com/social–media–traffic–trends–01–2015/.

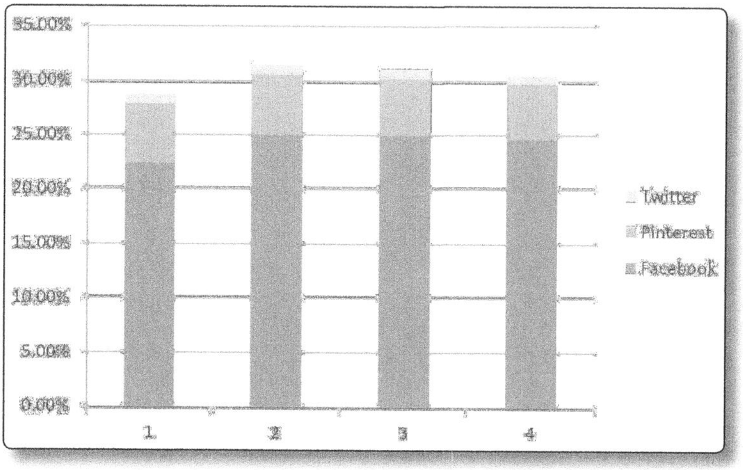

Porcentaje de visitantes provenientes de redes sociales –referals–. Estudio del último trimestre 2014. Elaboración propia a partir de datos extraídos de Shareaholic.

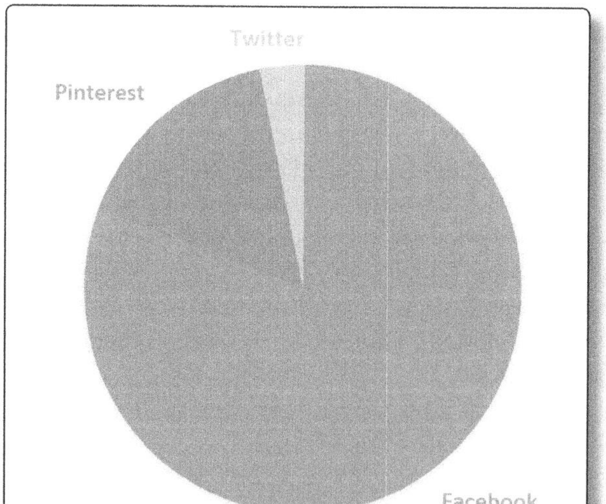

Peso de cada red social en función de los "referals" en diciembre de 2014. En la actualidad esta situación se mantiene aproximadamente igual. Elaboración propia a partir de datos extraídos de Shareaholic.

Es un pedazo del pastel demasiado jugoso como para dejarlo de lado y, aunque se podría hacer un manual completo sobre esto, vamos a dar algunas pinceladas que son interesantes en algunas redes sociales.

Según muchos estudios sobre SEO[55] las veces que un artículo se comparte en las redes sociales afecta a los algoritmos de posicionamiento de los buscadores. Este comportamiento por parte de los lectores evidencia que el texto es interesante, que merece la pena leerlo y, además, que desean que aparezca en su propia página social. Así pues podemos concluir que las redes sociales no solo son un instrumento para recibir visitas –lo cual nos puede ayudar a mejorar otras métricas como la tasa de rebote, el tiempo de permanencia en una página, etc.–, sino que en sí mismas pueden afectar positivamente a nuestra posición en los buscadores.

La pregunta que nos debemos hacer llegado a este punto es: ¿se torna suficiente el hecho de facilitar a nuestros visitantes que compartan nuestros contenidos, o tenemos que hacer un trabajo proactivo dentro de las propias redes con nuestra presencia y publicaciones? La primera parte de la pregunta, al no conllevar un coste especial, se da por hecho y cualquier empresa la debe llevar a cabo. La segunda es la que deberemos valorar en función de nuestra situación.

4.2 ¿ME METO O NO ME METO EN REDES SOCIALES?

La cuestión es si el ROI derivado de introducirnos en las redes sociales va a ser suficientemente alto como para que decidamos invertir en este tipo de acciones o no. Como los objetivos de las mismas suelen ir por la vía de la notoriedad de marca –aunque muchas veces las ventas directas también pueden llegar a darse–, por lo que puede ser complicado calcular el beneficio obtenido.

El tipo de sector en el que nos encontremos suele ser uno de los principales detonantes para tomar esta decisión, ya que:

- Un sector que no requiere de publicaciones estrictas y técnicas tiene un coste asociado de publicar en las redes sociales relativamente bajo. Imaginemos, por ejemplo, un restaurante, donde las comunicaciones se centran en promociones, recetas, nuevos platos, anécdotas Cualquiera puede redactar este tipo de notificaciones, por lo que no deberemos invertir gran cantidad de tiempo ni trabajadores especialmente cualificados para ello. La cara contraria de la moneda la tenemos en empresas muy técnicas –por ejemplo un laboratorio–, donde cada palabra debe medirse con detenimiento para que no tenga un impacto negativo y sea, desde el punto de vista técnico, correcta. Además, las contestaciones a los usuarios que

55 Como, por ejemplo, el que hace Matt Diggity en http://diggitymarketing.com/how–to–properly–track–your–backlinks/

hagan preguntas por esta vía puede ser costoso al necesitar de empleados altamente cualificados que den soluciones satisfactorias y que transmitan profesionalidad.

- Las acciones e inversión de la competencia en este aspecto. Si nuestros competidores directos tienen presencia en ciertas redes sociales es un indicio de que estas acciones son positivas en el modelo de negocio en el que nos movamos, sobre todo si estos son activos y mantienen publicaciones periódicas. Lo peor que puede suceder es que una empresa tenga monopolio de "comunidad", porque en ese caso ella tendrá un control no solo sobre aquello que le interesa directamente, sino también sobre las ideas que se vayan implantando en la mente de los consumidores en relación su sector.

> ***"Para poder decidir introducirme o no en las redes sociales debemos estudiar el ROI de esta inversión, y no podremos calcularlo si no damos un valor concreto a cada uno de los "leads" obtenidos –medidos, por ejemplo, en número de "me gusta"–. Para lograrlo es imprescindible tener claro qué beneficio económico estimado obtenemos de cada uno de ellos, aunque sea desde un punto estadístico."***

4.2.1 ¿Tengo recursos para meterme en las redes sociales?

Las redes sociales consumen muchos recursos, porque no se trata exclusivamente de publicar lo primero que se nos pase por la cabeza –tal y como haríamos con nuestra cuenta particular–. Una buena gestión de las mismas necesita tener un tono que transmita correctamente la imagen de marca, publicaciones que enganchen, una periodicidad constante que asiente unos pilares sólidos en la comunidad Así mismo también suelen tener asociadas otras labores añadidas como el diseño, la ejecución de acciones que rompan con la rutina –encuestas, etc.– y un sinfín más que no hacen más que incrementar el importe dedicado a ello. Muchas empresas han logrado suplir algunas de estas tareas con imaginación, pero el trabajo asociado sigue siendo enorme.

Así pues tenemos una serie de opciones que podemos ordenar de menos a más en términos de inversión:

- No meter nuestra empresa en las redes sociales, facilitando exclusivamente que el contenido de nuestra compañía se pueda compartir con facilidad.

- Crear perfiles que nos den presencia, arreglarlos moderadamente y dedicar un tiempo determinado y reducido para publicar actualizaciones corporativas.
- Crear perfiles con el objetivo de constituir una comunidad, donde las mismas sean un canal más entre los clientes y la empresa.

Elegir la que vamos a implementar dependerá de nuestros objetivos estratégicos, de la imagen de marca que queramos dar, del sector y, sobre todo, de los recursos de los que dispongamos. Además, estudiar el ROI puede ser una buena manera para saber hasta qué punto podemos invertir más capital en este ámbito, sobre todo si podemos valorar un retorno valorando económicamente los "leads" que obtengamos.

4.2.2 ¿Cuál es el mayor peligro de las redes sociales?

Las redes sociales están muy bien y pueden conllevar muchos beneficios. Nos permiten comunicarnos con nuestros clientes, nos ayudan a mejorar el posicionamiento, hacen que tengamos mayor presencia en Internet y mejoran la notoriedad de marca. Pero tienen un gran inconveniente: los usuarios son libres de decir lo que quieran. Sus comentarios pueden significar un cliente más o menos en el futuro y, lo que es más importante, todo lo difícil que tiene mejorar nuestra imagen lo tiene de fácil destruirla.

Por esta razón el tener activas redes sociales implica estar pendiente de ellas las veinticuatro horas del día los trescientos sesenta y cinco días del año, un coste que habrá que tener en cuenta en nuestro presupuesto anual.

4.2.3 ¿En cuáles me meto? ¿Qué las diferencia?

Cada red social tiene un público distinto, y como nuestros recursos son limitados deberemos escoger bien en cuáles invertimos nuestro tiempo y dinero.

A pesar de ello siempre será conveniente crear un perfil en todas y cada una de ellas, independientemente de en cuáles vamos a publicar contenido y cuáles vamos a potenciar. Esto es así porque es recomendable reservar nuestro nombre corporativo para un futuro en el que decidamos utilizarlas. Una buena herramienta para no perder más tiempo del necesario eligiendo nombres la tenemos en "namecheckr"[56], que nos permite evaluar de manera sistemática y automática la disponibilidad de los nombres en varias de ellas.

Para saber qué redes sociales son las que convienen a nuestra empresa deberemos saber cuáles son las características de cada una de ellas, el tipo de público que las visita y el ánimo con el que lo hace. Y es que no es lo mismo un usuario de LinkedIn, que visita esta página con una mentalidad profesional, que FaceBook, donde predomina el carácter lúdico.

A continuación veremos un poco las características de cada una de ellas –o, por lo menos, las más importantes–[57], así como el tipo de audiencia que las visita y cómo debemos dirigirnos a ella.

4.2.3.1 FACEBOOK

Es una red social de corte lúdico donde los usuarios quieren desconectar de su trabajo. Una persona que se conecta a FaceBook no quiere ver promociones continuamente, sino que desea contactar con sus amigos y seres queridos, ver anécdotas, publicaciones curiosas e información que les impacte. Por tanto, todas las comunicaciones deben tener como finalidad crear "engagement" dentro de esta atmósfera. Debemos tener en cuenta, además, que cuantos más "likes" y "shares" tengan las publicaciones, más probabilidad tendrá la empresa de aparecer en los "timelines" de los clientes potenciales –en sus muros–. Aunque se trata de publicaciones relativamente cortas, estas deben estar basadas en lo visual, por lo que imágenes impactantes y vídeos suelen tener mayor repercusión que el mero texto.

Si nos preguntamos cuántas publicaciones debemos realizar, la respuesta variará en función del profesional a quien consultes y del tipo de negocio. En general deberemos actualizar la red cuando tengamos algo interesante que contar, haciendo siempre un análisis de las personas que nos siguen para saber qué repercusión tienen nuestras publicaciones.

---

56 Puedes trastear con la herramienta desde su página web: *https://www.namecheckr.com*

57 Este tema pero un poco más ampliado lo tienes en Impactbnb aquí: *https://www.impactbnd.com/blog/the–difference–between–facebook–twitter–linkedin–google–youtube–pinterest*

"En FaceBook, publicaciones con una periodicidad muy elevada –más de dos a la semana– puede conllevar el hastío de los usuarios, haciendo que nos dejen de seguir. Por el contrario, publicaciones demasiado espaciadas pueden hacer que se olviden de nosotros, dando una sensación de abandono del perfil."

Por último, no puedo dejar de comentaros un tema que pueden ser muy malas noticias si vemos a FaceBook como una forma de llegar a nuestros clientes sin gastar nada de dinero. Hasta hace poco –principalmente hasta finales de 2017– las empresas se encontraban invirtiendo su tiempo en lograr una base sólida de seguidores en esta red social esperando tener un canal de calidad a lo largo del tiempo. El problema es que FaceBook, a principios de 2018[58], comenzó a cambiar sus políticas al respecto, dando prioridad a las empresas que invierten dinero frente a las que no.

¿En qué se traduce esto? Pues, sencillamente, en que los usuarios particulares solo van a ver en su "muro" o página principal aquellas fotografías y noticias que tengan que ver con familiares y amigos, dejando absolutamente de lado aquellas que provienen de empresas. Todo ello sin importar que, evidentemente, si un particular está suscrito a un canal empresarial –le ha dado "me gusta", por ejemplo, a una empresa que se dedica a facilitar artículos relacionados con las series de televisión de ciencia ficción– va a dejar de ver sus actualizaciones.

Estos últimos movimientos deslegitiman, en parte, a FaceBook como canal de información recíproca con los clientes y, aunque no podemos dejar de tenerlo en cuenta, sí que es cierto que reduce su potencial en cuanto a posicionamiento y transmisión de información orgánica.

4.2.3.2 TWITTER

Se trata de una red social con caracteres limitados, por lo que solo podremos publicar una idea rápida y ligera. El ánimo con el que se conectan muchos de usuarios suele ser lúdico, aunque se centra mucho más en lo que está pasando en ese momento al tener un marcado carácter de inmediatez. Por ello en esta web podemos encontrar discusiones políticas, publicaciones cómicas, etc. Tiene, en general, un ámbito mucho más amplio que FaceBook, creando un universo mucho más complejo y dinámico.

---

58 Existen muchos artículos que comentan este hecho. Por poner un ejemplo tenemos el de la web de tecnología "Xataka", publicado en enero de 2018: *https://www.xataka.com/servicios/facebook–mostrara–menos–contenido–de–marcas–y–empresas–para–favorecer–el–de–familiares–y–amigos*

En este tipo de comunidades es muy importante que el mensaje sea impactante y muy directo, y que utilice "hashtags" y menciones que ayuden a nuestras publicaciones a encontrarse con facilidad. No podemos vender directamente, pero sí llamar la atención para que potenciales clientes visiten una publicación o *landing page*.

En nuestra gestión diaria deberemos hacer una tarea constante de seguir a usuarios, ya que de esta manera no solo les llegará un correo avisando de este hecho –si tienen activada esta notificación–, sino que también podrán leer la biografía de nuestro perfil. Eso sí, hay que tener cuidado de no seguir a más de cincuenta personas al día ya que twitter lo puede catalogar como una acción agresiva y penalizar a nuestra empresa.

4.2.3.3 LINKEDIN

Se trata de una red social profesional, por lo que el ánimo de sus visitantes es, generalmente, serio y relacionado con el trabajo. Por esta razón nuestras publicaciones deben ser más corporativas, centrándonos en obtener un *engagement* relacionado con nuestra empresa, nuestra profesionalidad y nuestro saber hacer. Así mismo, puede ser recomendable entrar en grupos afines a nuestro sector donde podamos comentar noticias que se compartan –y demostrar nuestros conocimientos– o crear nuevas tendencias que nos desmarquen de la competencia.

Aunque parece una red social especialmente interesante a la hora de 'vender' nuestro producto, tenemos una serie de limitaciones que, al igual de lo que sucede en otras redes sociales, impiden que hagamos "spam" de manera sistemática. Además, suele resultar que estas limitaciones son desconocidas para la mayoría de los usuarios "comunes" de la red, por lo que tendremos algunas ventajas si somos conscientes de las mismas.

4.2.3.4 GOOGLE MY BUSINESS Y GOOGLE MAPS

No es en sí mismo una red social, pero no podemos olvidarnos dar de alta nuestra web en este apartado de Google. Esto nos permitirá facilitar información relevante a los visitantes que busquen nuestro negocio, e incluso que nos encuentren por el servicio o producto que ofrezcamos. En este perfil podremos indicar dónde está situado nuestro local –haciendo que aparezcamos en Google Maps–, subir fotos, facilitar el horario de apertura, etc. Se encuentra estrechamente enlazado con Google+.

Puede resultar preocupante para muchos de los propietarios de comercios el hecho de que pueda haber análisis negativos de nuestros negocios en internet, pero lo cierto es que esta no es una razón suficiente como para no registrarnos. Y ello por las siguientes razones:

- Si no damos de alta nuestro negocio en Google My Business lo podrá hacer otro usuario a través de Google Maps, y perderemos la capacidad de reacción para poner la información completa –y correcta– con rapidez.
- Ciertos análisis que por su naturaleza misma tienden a ser negativos pueden ser eliminados. En concreto me refiero a los análisis de los exempleados que, según las nuevas directivas de Google aprobadas a finales de diciembre de 2017, dichos análisis resultan contrarios a sus políticas por considerarse que existe un conflicto de intereses[59].
- Las opiniones de nuestros clientes –principalmente las negativas– constituyen un canal de feedback valiosísimo. Es cierto que pueden perjudicar nuestra imagen de marca, pero dentro de Google My Business existe la posibilidad de contestar a cada una de ellas dando una sensación de cercanía y comprensión a otros usuarios que puedan utilizarla como referencia.

Una vez hemos decidido utilizar esta herramienta tendremos que darnos de alta intentando optimizar la información que ponemos para llegar al mayor público posible. Así mismo, resultará necesario tener en cuenta que se debe mantener, un coste que se puede minimizar si sabemos cómo hacerlo. En este sentido propongo una serie de consejos que pueden ayudarnos a sacarle el máximo partido:

- Completa toda la información que se puede rellenar en la ficha. En caso de que nuestro comercio esté especializado en algo deberemos intentar etiquetarlo correctamente –y de manera específica–, ya que de esta forma reduciremos la competencia potencial para búsquedas concretas.
- Como cualquier usuario puede solicitar cambios en la información sobre nuestra empresa deberemos entrar de manera periódica para revisar que todo está correcto.

59 Se hizo eco de esta modificación y de otras muchas dentro de las nuevas directivas de Google la página Search Engine Land. Hay que tener en cuenta que desde las mismas Google se ha vuelto un poco más específico, apuntando directamente a ciertas actitudes que desvirtúan las opiniones. Puedes leer un poco más del tema aquí: https://searchengineland.com/negative–reviews–ex–employees–finally–googles–guidelines–288390

- Publica actualizaciones de manera periódica. Puede parecer una pérdida de tiempo –sobre todo si tenemos en cuenta que estas publicaciones caducan al poco tiempo y desaparecen de la ficha–, pero Google premia a aquellos negocios que tienen movimiento al considerarlos más actualizados. Esto hace que puedan subir puestos en Google Maps. Además, este tipo de publicaciones hacen que la información sobre el comercio aparezca de manera más visible en los resultados, sobre todo si asociamos a la publicación una imagen impactante. Entre otras, las recomendaciones a la hora de publicar contenido de estas características se centran en nuevos eventos, cambios o mejoras en los servicios, logros y éxitos, etc.

- Contesta a todas las reseñas que recibas. Esto permite, por un lado, que el visitante se sienta arropado y note que le escuchan, y por otro que los potenciales clientes que lo lean perciban seguridad y buena fe.

- Si utilizas un programa para gestionar reservas que sea partner de Google[60] podrás recibir reservas directamente desde tu página de Google My Business, algo que facilita lograr nuevos clientes y aparecer de manera más destacada frente al resto.

Por último recordar que la mejor manera de no tener calificaciones negativas –o de que estas sean poco visibles– es lograr muchas positivas. Algunos negocios piden este tipo de calificaciones directamente a sus clientes y, aunque esto es posible, debemos recordar que Google impone algunos límites. En caso de no cumplirnos podremos ser penalizados, una situación muy poco deseable debido a la dificultad que existe con posterioridad para recuperar el posicionamiento perdido. Entre las limitaciones que podemos encontrar[61] tenemos aquellas que entran en conflicto de intereses –por ejemplo calificaciones del propietario–, aquellas que son remuneradas –no podemos pagar a alguien para que califique positivamente nuestro negocio–, etc.

Si recibimos una valoración que incumple alguna de las normas podemos denunciarla para solicitar que la eliminen. El proceso es sencillo y, una vez hemos comprobado que efectivamente podemos realizar esta solicitud conforme a la política de Google, no tendremos más que seguir unos sencillos pasos[62] –que, en

---

60 Para saber qué herramientas facilita este tipo de servicios puedes consultar la página oficial de Google aquí: *https://www.google.com/maps/reserve/partners*

61 Todas las limitaciones existentes las tienes en el siguiente enlace oficial de Google: *https://support.google.com/contributionpolicy/answer/7400114?hl=en&ref_topic=7422769*

62 Los pasos a seguir los puedes consultar aquí: *https://support.google.com/business/answer/4596773?hl=en*

pocas palabras, se reduce a pulsar la opción de "denunciar" cuando consultamos la calificación tanto desde Google Maps como desde Google My Business–.

4.2.3.5 GOOGLE+

El caso de Google+ es especial, ya que se trata de una red social muy poco utilizada entre el gran público. Aun así, resulta importante tener presencia en ella ya que se encuentra conectada a otros ámbitos de Google y, de hecho, su seguimiento afecta directamente al posicionamiento de nuestra web. Parecido a lo que podemos hacer en Google MyBusiness, Google+ se trata de su cara visible en cuanto a nuevas publicaciones, fotografías y demás comunicaciones e información corporativa. Los usuarios suelen consultar la información de esta plataforma a través de otras páginas –generalmente Google MyBusiness– desde donde quieren obtener más información, fotografías, etc. a la hora de tomar una decisión. En esta red social deberemos tener información actualizada y veraz que muestre nuestras capacidades, con texto bien redactado y con información que complemente al resto de la publicada en otras secciones.

4.2.3.6 YOUTUBE

La red social de vídeos por excelencia y que también es propiedad de Google. No existe un ánimo específico en los usuarios que visitan la web, pero una cosa está clara: nadie quiere ver publicidad directa. Por esta razón es recomendable que, si decidimos publicar este tipo de contenido, esté enfocado o bien a información interesante –recetas, cómo se hace, etc.–, o bien a información impactante –bulos sobre la comida en los restaurantes, especialidades de la zona X, etc.–.

4.2.3.7 PINTEREST

Se trata de una red social en la que se comparten imágenes, por lo que resulta especialmente útil si tenemos una web que tiene fotografías únicas, o si publicamos contenido –por ejemplo del tipo de cómo se hace– que tiene adjuntas infografías explicativas. Los usuarios de esta red social esperan ideas, imágenes y conocimientos transmitidos a través del diseño, por lo que este contenido deberá estar realizado con estética y ser autoexplicativo. También suele ser útil si hemos invertido capital en una imagen de marca o en un anuncio impactante y gracioso/curioso, ya que lograremos aumentar nuestra notoriedad y, probablemente, las visitas directas a nuestra web.

4.2.3.8 INSTAGRAM

Se trata de una red social basada en imágenes. A diferencia de pinterest, esta no está tan centrada en el diseño y retoque, sino más bien en contar una historia –o situación, generalmente personal– a partir de las capturas. Por esta razón su uso se parece más al de FaceBook que al de Pinterest o Twitter. Sus usuarios desean encontrar contenido lúdico, por lo que es una red especialmente interesante para modelos de negocio que animan a pasar un buen rato –por ejemplo actividades vacacionales, hoteles, locales de moda o, incluso, pastelerías y restaurantes–.

4.2.3.9 OTRAS REDES SOCIALES

Existen muchas redes sociales más pero, por razones de extensión, hemos nombrado las más importantes a nivel empresarial. Si deseamos valorar introducirnos en cada una de ellas lo que debemos estudiar es qué tipo de usuarios hacen uso de ellas –y sin tienen la edad y estatus social que nos interesa–, con qué ánimo las visitan –lúdico, profesional, etc.– y cómo podemos transmitir nuestro mensaje a través de las mismas.

Con esta información tendremos una aproximación de qué retorno podemos obtener si estamos en ellas y si merece la pena dedicar una partida presupuestaria a su desarrollo.

Por último comentar que existen redes en las que no tenemos por qué decidir participar pero que podemos llegar a aparecer, ya que son los propios usuarios los que informan de nuestra existencia. Tal es el caso, por poner un ejemplo, de Tripadvisor.

4.2.4 ¿Quién va a llevar tu red social?

Independientemente del perfil básico más adecuado para controlar las redes sociales y de los conocimientos técnicos que debe poseer –los cuales cambiarán en función del sector en el que nos encontremos–, hay que destacar que es imprescindible asignar esta tarea a alguien en concreto y que este posea un procedimiento de trabajo asociado. Puede parecer una obviedad, pero la mayor parte de las empresas que fracasan en la organización de sus redes sociales lo hacen, sencillamente, porque no hay nadie que tenga asignada esa tarea. Y, si lo tienen, no se ha especificado un tiempo durante su jornada para hacerlo. En pocas palabras, suele ser el que les sobra.

"No disponer de un sistema de trabajo o procedimiento asociado al control y desarrollo de las redes sociales conlleva dejadez y falta de profesionalidad, lo cual termina derivando, en la mayoría de las ocasiones, en un fracaso corporativo en este campo."

Ya hemos visto que llevar las redes sociales conlleva muchas tareas detrás, por lo que es muy importante que tengamos claro quién va a ser encargado de gestionarlas, qué procedimiento va a seguir y cómo va a responder en caso de emergencia. Las redes sociales son muy dinámicas debido a que sus usuarios se pueden conectar a cualquier hora del día, por lo que es extremadamente importante saber cómo proceder en caso de que se dé una situación no deseada.

Realizar esta reflexión es la única manera para mantener una comunidad sana a lo largo del tiempo.

4.3 SIGUE A TU COMPETENCIA, ELLA TE VA A SEGUIR A TI

Las redes sociales son una buena manera de crear una comunidad y un canal de contacto cliente–empresa, pero tenemos que ser conscientes de que lo que publiquemos será visible para ellos. Esto nos lleva a dos conclusiones esenciales:

- Todo lo que publiques va a ser público. Si bien no es necesario ocultar nuestras acciones, sí que debemos tener en cuenta que no debemos transmitir nada que no hayamos comenzado a implementar. No es recomendable subir publicaciones avisando de lo que va a ocurrir en nuestra empresa dentro de un tiempo, ya que estaremos dando pistas para que la competencia reaccione y se posicione por delante.
- Sigue a tu competencia. Realiza un estudio constante de lo que hace y publica, y aprovecha la información que pone a tu disposición para adelantarte a sus acciones. Lo que comento más adelante en relación al miedo que nos suele surgir cuando estudiamos a nuestra competencia es aplicable aquí.

Para ello existen decenas de herramientas que pueden facilitarnos la labor, aunque la mayoría de las redes sociales nos permiten hacer este seguimiento de forma relativamente fácil.

4.4 CREANDO NUESTRO PERFIL

Como ya se ha comentado cada red social es un mundo y, aunque este manual no tiene como objetivo desarrollar este campo, sí que me parece interesante destacar ciertos puntos que nos pueden ayudar a dar los primeros pasos. Para ello deberemos cuidar que:

- Debemos rellenar todos los campos posibles, ya que una red social puede servir para dar diversa información sobre nuestra empresa a los usuarios. Además, y dado que estas suelen tener un funcionamiento bastante intrincado –no podemos saber a ciencia cierta las interacciones entre las distintas páginas debido a su complejidad– no podemos pasar por alto ninguno de los campos.

- Si vamos a subir fotografías deberemos utilizar aquellas que sean reales, es decir, que estén tomadas directamente de nuestro negocio. Con ello lograremos dar una sensación de confianza y contrarrestar la deshumanización que los medios digitales llevan aparejada.

- Utiliza imágenes con aspecto profesional. Para ello a veces es suficiente con usar pequeños trucos[63] que, además de ser baratos, es recomendable conocer.

- Cambia tu perfil periódicamente para dar una sensación de actualización y dinamismo. Esto, aunque parezca poco importante, ayuda en gran medida a transmitir que nuestra empresa es exitosa y que merece la pena prestarle atención. Una solución muy utilizada suele ser modificar los perfiles –imágenes de portada, loos, etc.– en función de la época del año y de sus festividades.

- Completa la biografía con información relevante y que enganche. Debes explicar claramente a qué se dedica tu empresa y cómo cubre las necesidades del cliente. Y, por supuesto, revisa el texto para que no tenga ninguna falta de ortografía. Esta información va a ser, con mucha probabilidad, lo primero que lea el usuario que visite el perfil de tu empresa, y la primera impresión suele ser lo suficientemente determinante como para que este decida si seguirte o no.

63 En Convince & Convert disponemos de una pequeña recopilación de los más conocidos: *http://www.convinceandconvert.com/content–marketing/photography–for–social–media–5–ninja–tips/*

Ejemplo de texto de biografía en Twitter

- Utiliza un tono adecuado a la red social en la que te encuentres y al tipo de negocio que seas. En general debemos ser cercanos y transmitir humanidad, intentando evitar el corporativismo que nos aleja del cliente. Para procedimentarlo podemos utilizar el mismo sistema que el aplicado para conocer el tono del contenido de nuestra web.

4.5 EMPLOYEE BRANDING: CÓMO LOGRAR ENGAGEMENT A TRAVÉS DE LOS EMPLEADOS

4.5.1 ¿Qué es el Employee Branding y por qué es tan importante?

Las empresas que disponen de varios trabajadores pueden llegar a tener una ventaja significativa frente a la competencia en términos de redes sociales. El objetivo es lograr que ellos sean parte de la estrategia de las redes compartiendo, comentando y expandiendo la marca a través de sus propios perfiles.

"Si logramos una buena dinámica dentro del ámbito del Employee branding tendremos una repercusión en términos de notoriedad de marca valorada en mucho dinero, además de evitar los efectos negativos que puede conllevar no tener en cuenta este campo."

Esta estrategia, que a priori puede parecer fácil –no es la primera vez que oigo a un empresario defender que si paga el salario de un trabajador este debería apoyar sistemáticamente a la empresa– no lo es tanto si tenemos en cuenta varios factores que nos frenan. Estos se pueden resumir en los siguientes:

- Los perfiles de los trabajadores son privados y son utilizados durante su tiempo de ocio personal, por lo que no es posible –ni conveniente– forzarles a compartir y comentar publicaciones corporativas.
- Los trabajadores no tienen por qué tener la formación necesaria para transmitir la imagen de marca que deseamos, lo que puede conllevar consecuencias más negativas que positivas.

Aun así, el Employee Branding nos debe preocupar ya que nuestros trabajadores, para bien o para mal, representan a nuestra marca incluso fuera de su horario de trabajo, algo que se ve potenciado gracias a perfiles como LinkedIn o apartados de ocupación como el de FaceBook. Por tanto es necesario establecer una estrategia de actuación que en ocasiones no se debe ni siquiera centrar en explotar esta posibilidad, sino solamente controlarla.

4.5.2 Beneficios y peligros del Employee Branding

El Employee Branding tiene muchos beneficios en su control y muchos peligros si no lo tenemos en cuenta, por lo que, en cualquier situación y tipo de empresa, es recomendable llevar a cabo acciones en ese campo. Esto es especialmente importante si disponemos de redes sociales.

Beneficios de su gestión:

- Mayor credibilidad en las redes sociales. Cuando una de nuestras publicaciones tiene apoyo por parte de los usuarios –comentarios, me gustas, etc.– es más susceptible de ser compartida. Si nuestros trabajadores, por propia iniciativa, comienzan esta rueda, lograremos un alcance mayor de la publicación y, por ende, de la marca.

- Mayor notoriedad y alcance de marca. Además del aumento de la credibilidad de nuestra publicaciones, el mero hecho de compartirlas hace que sean vistas por más personas. Así, y de manera gratuita, lograremos alcanzar un público mayor. Este punto suele ser más sólido en el caso de los blogs corporativos donde se publican artículos que pueden ser útiles para cualquier tipo de audiencia.
- Ahorro en costes de publicidad. El grado de compartición de una noticia a través de las redes sociales es fácilmente cuantificable ya que, por medio de sus herramientas de promoción, podemos prever cuánto podría costar lograr un resultado similar.

Peligros de no controlarlo:

- Disminución de la confianza en la empresa. Es posible que los trabajadores hablen mal de la compañía o de nuestra marca en las redes sociales, lo cual genera una sensación de desconfianza en el cliente potencial que, además, suele arrastrar la aparición de nuevas críticas.
- Boicot a las noticias y publicaciones. No solo debemos estudiar el comportamiento digital de nuestros trabajadores, ya que fuera de las propias redes podrán realizar acciones con una repercusión que será difícil de cuantificar pero que también tendrá consecuencias en este ámbito. Si un trabajador tiene mala imagen de la empresa donde se encuentra hablará mal de ella a todos sus conocidos, haciendo que estos dejen de promover contenido que, de otra manera, sí que podría parecerles interesante.

4.5.3 ¿Cómo puedo desarrollar el Employee Branding?

Desarrollar el Employee Branding es muy difícil y entremezcla acciones directas y relativamente objetivas con la propia cultura de la empresa[64]. En este sentido lo más adecuado es generar un caldo de cultivo en el que las consecuencias positivas florezcan por sí mismas, siempre de manera natural y sin forzar situaciones.

---

64 Tenemos un artículo muy extenso dedicado al Employee Branding en Semrush, además del resto de ríos de tinta que han corrido –y siguen corriendo– relacionados con el mismo debido a los beneficios que conlleva. Puedes leer dicho artículo en el siguiente enlace: https://es.semrush.com/blog/estrategia–employee–branding/

Para hacer que este caldo de cultivo funcione podemos atacar dos frentes, uno dedicado a hacer que el trabajador "sienta los colores" de la marca, y otro que facilite la interacción del mismo –que es nuestro objetivo final–.

En relación al primero nos encontramos con un terreno específico del departamento de Recursos Humanos, aunque no puedo dejar pasar la ocasión para nombrar alguna acción que repercute de manera mucho más directa que el resto en este aspecto.

- Información hacia el trabajador en el ámbito de nuestro márketing digital. Evidentemente un trabajador no tiene por qué conocer todos los detalles, pero sí cuáles son nuestros objetivos, en qué redes sociales tenemos presencia, qué deseamos lograr con nuestras publicaciones, etc.
- Separar la vida privada de la profesional dando la importancia que merece al tiempo que los trabajadores dedican fuera de su horario laboral. Si sienten que la empresa valora su tiempo tendrán menos reticencia a utilizarlo en impulsar y mejorar su imagen. No debemos olvidar que la causa más relevante a la hora de no apoyar una empresa en las redes sociales por parte de sus trabajadores es la necesidad de separar su vida privada de la profesional[65]. Todo el trabajo que realicemos para minimizar esa brecha será muy bien recibido por nuestros empleados.
- Facilitar los canales de comunicación trabajador–empresa. En caso contrario los empleados podrán tener inquietudes que no puedan transmitir, muchas de ellas fácilmente solventables pero que, en caso de enquistarse, pueden resultar nocivas.

Una vez tenemos a los trabajadores con empatía hacia nuestra marca podremos facilitarles la labor con ciertas acciones que faciliten su interacción con nuestras publicaciones. Vamos a destacar algunas que pueden ser interesantes para cualquier compañía, pero que podrán ampliarse en función del modelo de negocio.

- Publicar contenido interesante en términos generales y que no "venda" directamente el producto. Este tipo de artículos se podrán compartir con más facilidad.

65 Puedes leer el estudio publicado en MIT Sloan Management Review por Marie–Cécile Cervellon y Pamela Lirio en el siguiente enlace: http://sloanreview.mit.edu/article/when–employees–dont–like–their–employers–on–social–media/

- Enfocar una parte de los objetivos de los trabajadores –que se deben traducir en una partida monetaria–, en caso de que los tengan, en los resultados en las redes sociales. No debe ser una gran partida, pero sí lo suficientemente significativa como para que entiendan su importancia. De esta forma podremos alinear, por lo menos en parte, el esfuerzo que puedan llegar a realizar con su salario.

- Formación. La empresa debe facilitar a los trabajadores un manual o guía que les ayude a saber en qué redes nos encontramos, cómo se comparte una publicación, etc. También se puede sustituir con una jornada lúdica –una comida, una actividad informal, etc.– donde se comenten estos aspectos. Este punto resulta crucial en trabajadores senior que no han sido educados desde pequeños en la cultura digital y que pueden tener no solo problemas a la hora de llevar a cabo las acciones más simples, sino también a la hora de comprender sus consecuencias.

- Animar a los trabajadores a que publiquen contenido –siempre supervisado por el departamento de márketing o por el responsable de las redes sociales– para que lo sientan suyo, sobre todo si son especialistas en algún ámbito y desean transmitir sus conocimientos desde una imagen corporativa. Podemos impulsar este punto por medio de premios internos.

- Comunicar a los trabajadores los eventos especiales que puedan tener repercusión en las redes sociales, de forma que no solo puedan asistir si lo desean, sino que sean capaces de participar en ellos. Un ejemplo son los Webinars o seminarios online, donde la presencia de trabajadores propios puede ayudar a romper el hielo en los momentos de preguntas, participar en los debates que se generen entre los inscritos y ampliar el rango de asistentes potenciales con sus círculos de amigos y conocidos. Esta comunicación, además, es crucial para lograr que el trabajador tenga la sensación de formar parte de las decisiones corporativas en este ámbito y de que son informados en todo momento de lo que va sucediendo.

Antes de concluir con este punto me gustaría recalcar que el trabajo realizado debe perdurar en el tiempo. Por ello será necesario que, por una parte, incluyamos estos principios en nuestra cultura de empresa para que el resto de acciones futuras los tenga en cuenta y, por otra, que aparezcan reflejados en la documentación interna –procedimientos, manual de operaciones, etc.–.

5

ESTUDIANDO A LA COMPETENCIA

5.1 ¿POR QUÉ TENEMOS MIEDO A MIRAR A NUESTRO ALREDEDOR?

Nuestra competencia es, junto a los clientes, la mayor fuente de información que podemos encontrar. Y es que sus errores y aciertos son el mejor estudio de mercado que existe. Pero, si esto lo tenemos tan claro, ¿por qué nos resulta tan difícil estudiar a la competencia? En el mundo del posicionamiento web no podemos ser remilgados en este sentido, ya que no solo cada sector es distinto entre sí –por lo que no existen fórmulas mágicas y es necesario experimentar–, sino que además nuestros resultados no serán independientes y siempre estarán supeditados a sus acciones.

Ya hemos comentado anteriormente que podremos invertir un par de horas al mes en posicionamiento y obtener buenos resultados si la competencia solo dedica unos minutos, siendo esta relatividad parte fundamental de nuestros éxitos –y fracasos–. No es sencillo saber qué se va a lograr, porque nunca podemos estar completamente seguros de lo que van a hacer y de cómo van a reaccionar. Si nuestra competencia se da cuenta de que comenzamos a invertir tiempo y recursos en nuestro posicionamiento y decide aplicar el doble nos encontraremos con una situación peor a la anterior.

Es esencial entender que estudiar a la competencia no es copiarla ni caminar por detrás de ellos. El objetivo debe ser siempre disponer de más información en la que basarnos a la hora de tomar decisiones, aunque estas signifiquen liderar un cambio dentro del sector.

"Superar el miedo a saber que otra empresa lo hace mejor que nosotros y dedicarle tiempo a este análisis es indispensable para lograr buenos resultados. De esta manera seremos capaces de estar alerta ante los cambios que realicen y reaccionar ante ellos."

Por último comentar que, a pesar de que en el ámbito del posicionamiento online podemos diferenciar entre la competencia relacionada con los clientes potenciales –bienes y servicios ofrecidos– y la competencia derivada del uso de palabras clave –que puede poner como adversarias empresas que no comparten clientes potenciales– nos vamos a centrar en el primer caso al ser el segundo la tónica general tratada durante todo el manual con mucho más detenimiento.

5.2 ¿POR QUÉ DEBEMOS VIGILAR A NUESTRA COMPETENCIA?

Así pues podemos decir que estudiar a nuestra competencia es crucial por, entre otros, los siguientes puntos:

- Aprovecharnos de sus éxitos y fracasos. Si vemos que a nuestra competencia le ha funcionado algo podemos tomarlo como base para seguir creciendo. De la misma manera, si han realizado alguna acción que ha sido un desastre podremos estudiar una modificación de la misma que subsane sus deficiencias o, directamente, no caer en el mismo error y ahorrar tiempo y dinero.

- Saber sus reacciones ante nuestras acciones. Cómo procedamos en el futuro dependerá, todavía más en el campo del posicionamiento web, de lo que haga nuestra competencia tanto para contrarrestar nuestras acciones como para crecer. Así mismo, nuestras previsiones de resultados siempre estarán supeditadas a su evolución.

- Evaluar su situación actual y potencial, así como identificar nuevos competidores. Estudiar correctamente a la competencia nos ayudará a identificar competidores que hasta ese momento no creíamos que existían, algo común ya que ciertas palabras clave son compartidas tanto por productos sustitutivos como productos que, en ocasiones, no tienen nada que ver.

- Reconocer nuevas oportunidades y nichos de mercado. Si sabemos hacia dónde se mueve la competencia una cosa estará clara: tendremos información suficiente –y mejor– para evaluar un cambio en el mercado e identificar nuevas posibilidades.

Controlar a nuestra competencia puede ser una tarea relativamente compleja dependiendo de factores como el dinamismo del sector o la cantidad de empresas que apuntan directamente a nuestros clientes potenciales. En este sentido debemos ser cuidadosos en nuestro análisis y tener en cuenta que es posible que sea necesario vigilar empresas que, aunque no ofrezcan exactamente el mismo producto o servicio que nosotros, sí que sea un sustituto del mismo. Como ejemplo ilustrativo, puede que sea interesante, para una empresa que se dedica a vender helados, vigilar a otra cercana que ofrece a sus clientes gofres y crepes. Lo más probable en estos casos es que el cliente se decida por una o por otra, pero no por ambas, por lo que un cambio en las acciones de una de las dos repercute directamente en las ventas potenciales de la otra.

Aunque parezca una perogrullada no debemos engañarnos y hacernos creer a nosotros mismos que cierta competencia no nos afecta cuando sí que lo hace. Es muy común pensar que el producto o servicio de nuestra empresa es especial, normalmente debido al cariño que le tenemos por el esfuerzo que hemos depositado en él. Es esta misma razón la que nos empuja no solo a menospreciar a la competencia, sino a intentar evitar saber cualquier cosa de ella. Por eso hay que intentar objetivizar nuestra opinión con la intención de saber con la mayor precisión posible a qué empresas debemos hacer el seguimiento.

5.3 LIMITANDO EL SEGUIMIENTO A REALIZAR

Como nuestros recursos son limitados no podemos estudiar diariamente todas las empresas cuyas acciones nos puedan afectar. Por esa razón debemos limitarlas desde dos frentes:

5.3.1 Número de empresas a estudiar

Aquí es de suma utilidad el principio de Pareto, que por regla general se cumple en casi todos los sectores y que presupone que el veinte por ciento de las empresas ostentan el ochenta por ciento de la facturación. Aplicado a la competencia que realmente puede afectarnos –es decir, nuestro nicho de mercado– lograremos reducir la cantidad total de empresas a las que realizar el seguimiento.

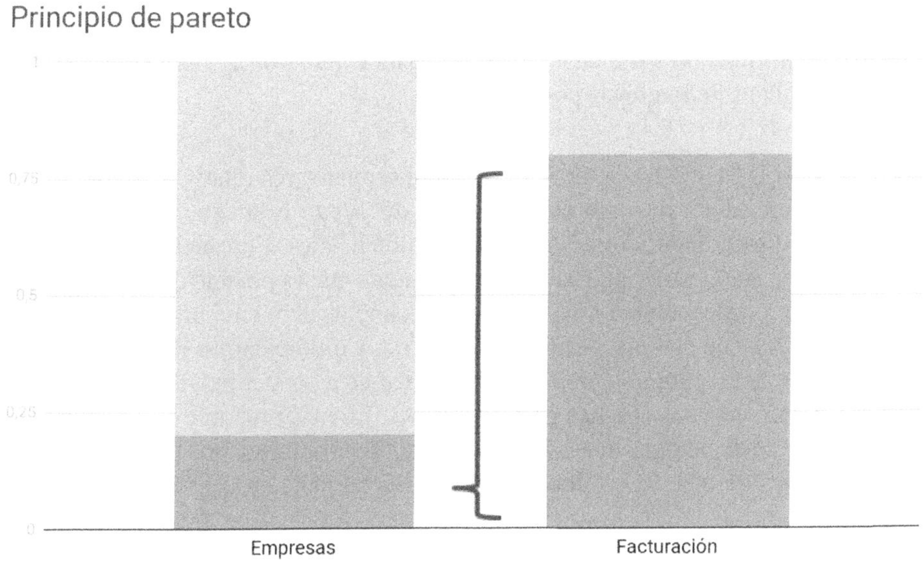

Un estudio inicial pormenorizado es una inversión de tiempo muy recomendable para comenzar con buen pie. A partir de este momento no tendremos más que hacer revisiones anuales al mismo para corroborar que la situación sigue igual o, por el contrario, que debemos modificar nuestra lista.

5.3.2 Periodicidad del estudio

Para saber con qué periodicidad deberemos medir las acciones de nuestra competencia nos tendremos que hacer una sencilla pregunta: ¿cuánto tiempo necesitaremos para reaccionar frente a un cambio en la misma para minimizar las consecuencias? En el mundo del posicionamiento orgánico, es decir, en los buscadores, cualquier acción tiene una repercusión en el medio plazo –en raras ocasiones es menor que un mes–, por lo que sería suficiente con revisar lo que hace la competencia cada quince días. Esta periodicidad deberá aumentar o disminuir en función de la volatilidad y dinamismo del sector en el que nos encontremos.

En las redes sociales, por otra parte, la capacidad de reacción se reduce debido a la viralidad que pueden adquirir ciertas comunicaciones. En este ámbito lo ideal es estar al tanto en tiempo real o, como máximo, cada dos o tres días. Dentro de las redes sociales se incluyen páginas de valoración como Tripadvisor, valoraciones en Google y similar.

Aunque no es el objeto de este manual, también es de recibo nombrar la otra gran "pata" en la competencia digital: los anuncios de pago. En este sentido, y debido a que una campaña agresiva puede tener una repercusión inmediata en nuestro negocio, deberemos hacer un seguimiento con una periodicidad relativamente alta, no superando los quince días.

5.4 ¿CÓMO HAGO EL SEGUIMIENTO DE MI COMPETENCIA? ¿QUIÉN ASUME LA TAREA?

En primer lugar, y tal y como se comentó a la hora de establecer quién realiza las tareas de gestión de las redes sociales, es preceptivo nombrar tanto la persona responsable como el tiempo que debe asignar a este trabajo. En caso contrario nos encontraremos con poca constancia en el mismo y un eventual abandono por falta de motivación.

La forma de hacer el seguimiento se reduce a un procedimiento que cuanto más estandarizado lo tengamos en la empresa más fácil será de repetir y mantener en el tiempo. Las periodicidades se pueden reducir a aquellas que son diarias y aquellas que deben repetirse de manera habitual con cierta periodicidad. Un calendario que marque estas obligaciones, junto a los pasos que se deben seguir para hacer el trabajo correctamente, son los principios básicos para que consuman el menor tiempo posible sin reducir la eficacia.

5.4.1 Redes sociales

Como el rastreo debe ser constante es conveniente seguir a toda nuestra competencia suscribiéndonos a sus actualizaciones. Esto hace la tarea sumamente sencilla ya que las mismas llegarán automáticamente a nuestro correo, o bien a nuestra página principal de la red social que corresponda. Si no queremos que sepan que les seguimos no tendremos más que hacerlo con un perfil personal que no sea reconocible por ellos.

Cualquier actualización deberá ser estudiada en el momento y transmitida, en caso de ser necesario, a la persona que pueda decir si se debe contrarrestar con alguna acción o no. En páginas como FaceBook es posible, además, tener en una misma página la comparativa de varias cuentas, de forma que de un vistazo podemos ver la evolución de todas ellas.

5.4.2 Posicionamiento orgánico

En este caso el seguimiento puede ser más espaciado y hacerse cada quince días aproximadamente. Para ello tendremos que llevar a cabo diversas acciones que nos ayudarán con el mismo.

En primer lugar es recomendable activar y configurar las alertas de google[66], que nos avisarán cuando se publique contenido con unas palabras clave determinadas. En el mismo podremos establecer que se nos envíe un *email* cada cierto tiempo con un resumen de aquellos eventos importantes y novedosos que hayan ocurrido según los parámetros especificados.

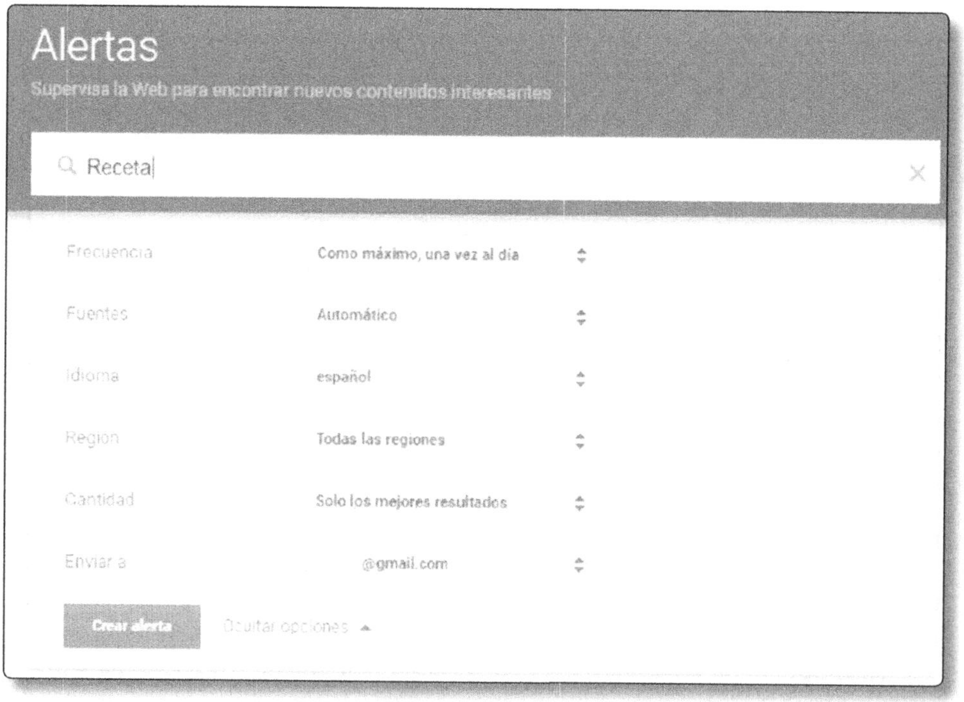

Ejemplo de configuración de las alertas de Google

En segundo lugar es recomendable revisar el contenido publicado por la competencia. Para ello deberemos, o bien visitar su página web de forma manual, o bien suscribirnos por RSS a sus publicaciones. Cualquiera de las dos es válida, aunque la segunda automatiza esta vigilancia haciendo que sea más sencilla.

66 Puedes configurarlas desde su página: *https://www.google.es/alerts*

En tercer lugar recomiendo utilizar las herramientas que están a nuestra disposición para saber cuál es la evolución del posicionamiento de nuestros competidores. Aunque la mayoría son de pago, existen algunas como Semrush que tienen una parte gratuita con suficientes funcionalidades como para hacernos una composición de lugar y conocer la evolución general.

5.4.3 Posicionamiento de pago

Ya hemos comentado que, aunque no es el objetivo de este manual, no podemos dejar de lado un apartado tan importante como el posicionamiento de pago dentro de las acciones a supervisar de nuestra competencia, aunque sea dando dos pinceladas muy breves.

Si tenemos anuncios en Adwords podremos hacernos una idea de la situación comparativa de nuestra empresa con la de nuestra competencia –por lo menos en palabras clave– en relación a las subastas por medio del informe de los datos de subasta[67].

Otras herramientas tratadas con anterioridad como Semrush también nos muestran métricas en este sentido, por lo que son una opción interesante para saber, también, cuánto están invirtiendo y cómo.

67 Puedes encontrar más información en su página de Google: https://support.google.com/adwords/answer/2579754?hl=es

6

DIVERTIDAS HERRAMIENTAS DE MEDICIÓN

6.1 INTRODUCCIÓN

Herramientas de medición existen a centenares, pero "Posicionamiento web para todos" está enfocado a personas que no dedican el grueso de su tiempo ni al posicionamiento ni, en general, a su página web. Esto no significa que, al igual que un gerente debe saber leer un balance de situación, es conveniente que comprendamos cuáles son y a dónde podemos acudir en un momento dado para leer datos que puedan resultar útiles en las decisiones a tomar.

Además, este conocimiento nos puede ayudar a saber qué claves y permisos podemos solicitar a nuestro proveedor si, finalmente, decidimos subcontratar el servicio de gestión y posicionamiento web a un tercero. De esta manera podremos supervisar la situación por nosotros mismos si así lo deseamos, y tendremos información en tiempo real sobre nuestra situación online.

En este capítulo no vamos a entrar en detalle de cada una de ellas, pero sí vamos a nombrar las que pueden ser más útiles si queremos comenzar a dar los primeros pasos dentro de la medición. Es decisión del lector profundizar en cada una de ellas si considera conveniente su uso.

6.2 GOOGLE ANALYTICS

Google Analytics[68] es una aplicación de Google que, entre otras funciones, permite monitorizar las visitas que obtiene nuestra web. Gracias a ella podemos saber su procedencia, el tiempo que permanecen, el porcentaje de rebote e, incluso, las horas a las que acceden.

Se trata de un servicio gratuito –lo cual tiene sentido ya que la propia Google lo utiliza para sus estadísticas– que se integra fácilmente con otros servicios de la empresa como Adwords –aplicación de Google para gestionar anuncios de pago– o Google Search Console –aplicación de Google para gestionar y consultar errores, situación y posicionamiento de la página web en relación a su buscador–.

Su uso está enfocado tanto a personas que necesitan informes avanzados como a otras que solo requieren de información superficial. Además, permite establecer un dashboard o panel de control que, de un vistazo, nos da la información que solemos consultar habitualmente, sobre todo si solo lo utilizamos para hacer un control básico.

Gracias a Google Analytics seremos capaces de realizar varias tareas que pueden ser especialmente útiles, entre las que encontramos[69]:

- Analizar tráfico web, comportamiento y adquisición –de dónde proviene– con facilidad y utilizar los filtros necesarios en función de nuestros objetivos. Entre ellos podemos destacar las páginas de procedencia, la zona geográfica del visitante, el periodo de tiempo del estudio, la página de destino, el tiempo dedicado y el porcentaje de rebote.
- Analizar funcionamiento de landing pages así como las conversiones –cuándo un usuario realiza la acción que buscamos en él–. Identificación de contenido estrella –aquel que es más visitado–, así como la procedencia de sus visitas. Identificación del contenido con peor resultado.

68 https://analytics.google.com/

69 Kissmetrics tiene varios artículos con trucos para personas poco experimentadas en Google Analytics como el siguiente: https://blog.kissmetrics.com/awesome–google–analytics/

- Creación de listas de remarketing para utilizar en otras aplicaciones como Adwords.
- Creación de informes avanzados en tiendas virtuales que permitan identificar productos más visitados y comportamiento durante las visitas a los mismos.

Para poder utilizar Google Analytics es necesario disponer de una cuenta de Google y, a continuación, dar de alta nuestra página web. Aunque es relativamente sencillo y si tenemos ciertos conocimientos sobre la web –especialmente fácil si utilizamos un CMS como Wordpress– puede ser tan simple como copiar y pegar una pequeña línea de texto, es posible que necesitemos ayuda de la empresa que nos ha diseñado la página.

Si hemos subcontratado toda la gestión de nuestra web a una empresa podemos pedirles acceso para poder consultar esta información independientemente de que ellos continúen prestándonos el servicio.

6.3 GOOGLE SEARCH CONSOLE

Google Search Console

Con Google Search Console[70] podemos conocer varios aspectos de nuestra web desde el punto de vista de Google como buscador, algo que es crucial no solo para identificar y corregir los errores que vayan surgiendo, sino también para controlar qué palabras clave nos proporcionan más visitas orgánicas. Se puede enlazar con otros productos de Google como Analytics o Adwords.

Entre otras, podemos destacar las siguientes características[71]:

70 *https://www.google.com/webmasters/tools/home?hl=es*

71 La web Tutsplus hace un buen recorrido, un poco más extenso, sobre las características de Google Search Console en el siguiente artículo: https://webdesign.tutsplus.com/articles/everything–you–need–to–know–about–google–search–console—cms–24069

- Identificación del público objetivo de nuestra página web desde el punto de vista geográfico. Por medio de Search Console podemos informar a Google de a qué países nos dirigimos, algo que se ha demostrado muy importante a la hora de posicionarnos correctamente.
- Identificación de errores de nuestra página web, entre los que podemos encontrar fallos de código, enlaces rotos, problemas en versión móvil, fallos en nuestro código de la versión AMP, etc.
- Identificación y estudio de las palabras clave que nos posicionan en búsquedas orgánicas –posición, clics, CTR, etc.–.
- Informes de errores de rastreo o, lo que es lo mismo, qué problemas ha tenido el robot de Google cuando accede a nuestra página web.
- Informes de páginas no indexadas debido a que Google las considera poco relevantes.
- Estudio de la página tal y como la percibe el buscador, lo cual nos puede ayudar a mejorar la calidad de nuestro código.
- Subida y gestión del archivo *sitemaps*, así como envío manual de páginas –para evitar tener que esperar que las identifique automáticamente–.
- Identificación de los links que apuntan a nuestra página. Aunque no nos permite diferenciar entre aquellos que son dofollow de los nofollow, y de que su presentación no está ordenada como con otras herramientas de pago, sí que es útil para hacernos una idea de cómo nos referencian otras páginas web.

Las herramientas proporcionadas por Google Search Console son extremadamente eficaces, y nos pueden servir también para monitorizar el servicio que podamos tener subcontratado con otra empresa de gestión web.

6.4 ESTADÍSTICAS DE FACEBOOK

FaceBook tiene un apartado preparado para facilitarnos informes y estadísticas que nos permitirán saber de un vistazo cómo evoluciona esta red social. Si bien no es una métrica que afecte directamente a nuestra página, sí que es un reflejo de la misma y de las acciones que hacemos para obtener repercusión en ellas. Para consultarlas[72] no tenemos más que entrar en nuestra página de FaceBook corporativa y pulsar sobre el botón de "Estadísticas" en la parte superior derecha.

6.5 ¿POR QUÉ MIS VISITANTES ABANDONAN MI PÁGINA WEB? CONSEJOS BÁSICOS

6.5.1 Introducción

Te has empezado a entretener con las "Divertidas herramientas de medición" y te has dado cuenta de una cosa: los visitantes de tu página la están abandonando antes de lo que se consideraría normal. Vamos, que entran y se van en pocos segundos, sin dedicar el tiempo suficiente a leer el contenido ofrecido y, por tanto, limitando el número de leads.

Existen muchos estudios al respecto[73] que explican el comportamiento de unos visitantes cada vez más impacientes, con una cantidad de información que sobrepasa el tiempo físico que poseen y que están acostumbrados –y cada vez más– a encontrar lo que buscan dedicando muy poco tiempo.

A continuación vamos a comentar algunos de ellos para que, junto con tu desarrollador web, subsanéis aquellos que estén a vuestro alcance.

6.5.2 Contenido desfasado

Una de las causas que empujan a un visitante a dejar la página es ver que el contenido que hay publicado en ella, sobre todo el que se encuentra dentro del blog o de la sección noticias, esté desfasado.

Como en la mayoría de las páginas, lo más probable es que cada vez que subes un artículo aparezca la fecha en que lo has hecho. Los visitantes tienen en

72 En el manual de ayuda de FaceBook nos ayudan a entenderlas, acceder a las mismas y a consultarlas correctamente. Puedes consultarlo en el siguiente enlace: *https://www.facebook.com/help/www/794890670645072/*

73 Un buen ejemplo son los realizados por Kissmetrics, donde además dan consejos de diseño y contenido que evite esta problemática. Más información en artículos como el publicado en la dirección *https://blog.kissmetrics.com/leave–a–website/?wide=1*. También hacen hincapié en este asunto en Web Site Magazine en el siguiente artículo: *https://www.websitemagazine.com/blog/5–reasons–visitors–leave–your–website*.

cuenta este dato ya que, aunque es posible que el contenido siga estando vigente en la actualidad, da sensación de que se puede obtener información más actualizada y, por tanto, mejor.

Para evitarlo deberemos publicar artículos de manera periódica y, si consideramos que alguno antiguo ya no está vigente, actualizarlo y volverlo a publicitar –sin duplicarlo, es decir, cambiar el artículo antiguo y actualizarlo en la web–. Especialmente importante es no hacer trampas en este aspecto, ya que numerosas páginas web configuran las fechas de los artículos para que parezcan siempre actuales, siendo una acción penalizada por los buscadores.

6.5.3 Velocidad de carga lenta

Es un problema que se acentúa en consultas desde dispositivos móviles, ya que los visitantes no están dispuestos a esperar muchos segundos a que cargue la información. Para evitarlo deberemos, tal y como ya se ha comentado en otros puntos, reducir el peso de las imágenes, mejorar el código de la página o, incluso, migrar a un servidor más potente. En términos generales, la mayoría de los usuarios abandonan la página si esta tarda más de diez segundos en cargar, aunque no es conveniente hacer esperar más de cinco.

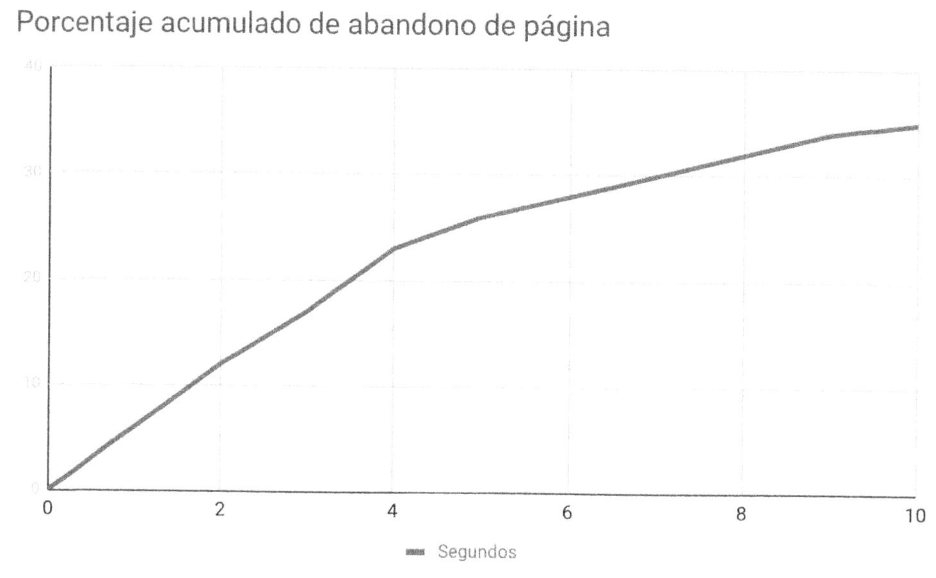

Elaboración propia a partir de encuestas realizadas por Kissmetrics

Si nos resulta imposible reducir el tiempo de carga de la página porque, por ejemplo, tenemos una aplicación compleja en su interior, deberemos avisar convenientemente a los visitantes para que sepan la razón de la espera.

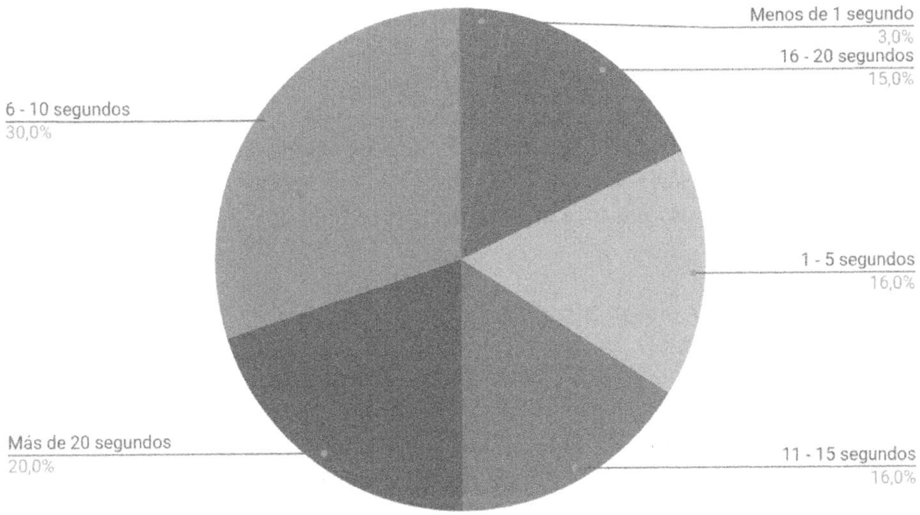

Elaboración propia a partir de encuesta realizada por Kissmetrics

6.5.4 Página compleja o con usabilidad pobre

Si nuestra página no se entiende y la información está repartida de forma extraña nos encontraremos con visitantes que la abandonan por no encontrar lo que vienen buscando. Este problema suele aparecer en webs que se han ido ampliando con el paso del tiempo sin tener en cuenta esas funcionalidades desde un principio. Para solventarlo es necesario hacer de nuevo el ejercicio comentado con anterioridad sobre los bocetos de nuestra web, estableciendo qué páginas son realmente necesarias y respetando los principios básicos de usabilidad –posición del menú, tamaños, etc.–.

6.5.5 Publicidad abusiva, pop ups molestos y otras prácticas similares

Los visitantes web están acostumbrados a cierto nivel de publicidad e, incluso, a algunas prácticas que en otros momentos podrían haberse catalogado de abusivas. A pesar de ello existe un límite que no debemos sobrepasar y, para ello, nos tendremos que poner en su lugar para entender si este tipo de mensajes dificultan el acceso a la información.

6.5.6 Información cerrada

Disponer de información a la que solo se accede tras superar una barrera –crearse un usuario, poner un correo electrónico, etc.– conlleva en sí poner trabas al visitante. Si consideramos que los beneficios de esta práctica son muy positivos deberemos preguntarnos si la información que ofrecemos realmente lo vale. En caso de que la respuesta sea que no sería conveniente poner de forma pública esa información y sustituirla por otra más valiosa.

6.5.7 Uso de audio o video intrusivo

Si nuestra página dispone de audio o video, deberemos facilitarlo de forma que no dificulte el resto de acceso y, por supuesto, evitando en la medida de lo posible su carga automática. Esta regla no es universal –muchos diarios en la actualidad cargan automáticamente videos– y dependerá del sector y de la experiencia esperada por el usuario, pero en términos generales es una mala práctica debido a que el visitante no tiene opción de elegir y puede erosionar su experiencia.

6.5.8 Contenido y diseño aburrido

Como pasa con casi todos los ámbitos de la vida, en lo primero en lo que nos fijamos es en el aspecto de la página web. Al fin y al cabo, antes incluso de saber de qué trata ya estaremos expuestos a colores, figuras e imágenes. Por esta razón es necesario hacer una reflexión sobre cómo podemos ofrecer la información de forma que sea agradable a la vista.

Así mismo, lo que contemos tendrá que estar en el tono adecuado ya que, en caso contrario, nos arriesgamos a que el visitante abandone la web sin completarlo.

6.5.9 Legibilidad pobre

Letras pequeñas, colores difícilmente diferenciables del fondo o ancho de página demasiado amplio son algunas de las razones por las que un visitante puede abandonar nuestra web por la sencilla razón de que es difícil leer su contenido. Revisemos estos aspectos corrigiéndolos para que la lectura sea agradable y sin esfuerzo.

7

SEO PROFESIONAL, SI LO PUEDO HACER YO Y ME SALE GRATIS PARA QUÉ CONTRATARLO

Las tres cualidades de cualquier campaña SEO que todos desearíamos tener son las siguientes: barato, rápido y bueno. El problema es que, como todo en esta vida, no podemos tener las tres a la vez, y solo podemos elegir dos cualidades. Esto es así porque, para llevar a cabo una campaña SEO, se necesita gente cualificada y con experiencia que le dedique tiempo y que esta inversión se mantenga de manera constante. Así, nos encontramos que:

- Una campaña barata y buena nunca será rápida. Podemos dedicar menos tiempo y dinero "mensual" para evitar una gran inversión y que, por otra parte, esta se mantenga a lo largo del tiempo. Aunque se realice de forma impecable, muchas de las acciones que pueden mejorar los resultados –como por ejemplo obtener backlinks, publicar contenido, etc.– conlleva una dedicación de tiempo importante, por lo que si no deseamos hacerlo de manera acelerada para ahorrar en costes tendremos, evidentemente, que espaciarlo o hacer que suceda de manera natural.

- Una campaña barata y rápida no será buena, debido a que cualquier trabajo relacionado con el posicionamiento requiere de un tiempo que solo es susceptible de ser acelerado a base de contratar a más trabajadores. Si queremos una campaña barata y rápida debemos tener claro que, si la competencia reacciona, no seremos capaces de superarla. Y, por supuesto, no tendrá buenos resultados a largo plazo.

- Una campaña rápida y buena, por tanto, no será barata, al tener que suplir el tiempo con trabajadores que realicen todas las tareas lo antes posible. Esto significa horas de trabajo de personas cualificadas.

En general, las empresas que se dedican profesionalmente al posicionamiento orgánico ofrecen servicios ajustados al presupuesto, pero siempre con las restricciones antes presentadas. A la hora de negociar con estos profesionales lo más importante es entender qué acciones se van a realizar y asociarlas con el tiempo que llevan detrás y la cualificación de las personas que deben realizarlas. De esta forma podremos saber si un presupuesto es ajustado a la realidad o si, por el contrario, nos están intentando vender humo.

APÉNDICE

¿No te ha pasado nunca que te encuentras explicando un tema que te apasiona y te das cuenta de que te dejas cosas en el tintero indirectamente relacionadas pero que sin ellas no podemos entender la visión global del asunto? Eso es lo que sucede en el ámbito del posicionamiento web y, aunque podríamos ampliarlo con innumerables puntos que son de gran interés y que harían este manual excesivamente extenso, no puedo por menos que nombrar algún tema debido a su importancia para tener una visión integral del SEO.

Titulado como "Apéndices", en realidad no están pensados como puntos opcionales sino, más bien, como requisitos para comprender el funcionamiento global del presente manual.

A.1 ¿QUÉ ES Y POR QUÉ NECESITO MI PROPIO "FUNNEL DE VENTAS"?

El posicionamiento web no puede entenderse en la actualidad sin una estrategia empresarial que entienda cómo gestionar las visitas que recibe una página web. En definitiva, no sirve de nada tener muchas visitas a nuestra página si no las convertimos en dinero, es decir, si no las rentabilizamos. En caso contrario estaremos invirtiendo en algo que no lleva a ningún sitio y del que no vamos a poder extraer ningún beneficio.

El Funnel de ventas –en español el "embudo" de ventas– proviene de la disciplina comercial tradicional que, aplicada a los visitantes de nuestra web, nos permite "procesarlos" para obtener una serie de beneficios:

- Identificar en qué momento de la compra se encuentran y ofrecerles lo que quieren ver. Si conseguimos saber en qué momento de la decisión a cómo solucionar su problema se encuentran les podremos ofrecer el contenido e información que necesitan ver para poder dirigirles en la misma.

- Segmentar nuestro cliente potencial. Crear nuestro embudo de ventas online nos va a permitir pulir la segmentación realizada, debido a que seremos capaces de obtener un feedback sobre su comportamiento.
- Obtener visitas cualificadas y enfocar nuestra estrategia de posicionamiento a aquellos clientes que nos van a reportar beneficios. Esto se traduce, a la postre, en una reducción de costes muy importante al aumentar la eficiencia de los recursos invertidos.
- Orientarnos correctamente al cliente proponiendo objetivos realistas a largo plazo no solo en cuanto a posicionamiento web, sino de una forma integral en la empresa.
- Establecer una relación duradera y de confianza con el cliente, lo que nos va a permitir que la conversión no se limite a una sola transacción.

Su esquema general sigue el siguiente patrón:

Este punto está íntimamente ligado al cálculo del ROI comentado con anterioridad, ya que para poder realizar un estudio correcto de este asunto deberemos saber qué vale para nuestra compañía una visita, el correo de un cliente potencial e, incluso, una venta.

Como vemos, este punto requiere en la empresa de un claro enfoque hacia el cliente que logre identificar sus necesidades para maximizar la eficacia de las acciones realizadas.

El objetivo del embudo de ventas *online* es "empujar" al cliente potencial un paso más abajo hasta lograr la conversión final. Estas conversiones son necesarias, por un lado, para recuperar la inversión realizada en posicionamiento web y, por otro, para detectar qué departamento debe desarrollar y ejecutar la estrategia para que fluya con la mayor rapidez posible. Y es que cuanto antes pase un cliente potencial de un estado a otro antes llegará al final del túnel.

Para saber qué pasos tenemos que seguir para identificar correctamente cada uno de los pasos que siguen nuestros clientes potenciales desde que son visitantes hasta que se materializa la conversión podemos seguir una serie de recomendaciones[74]:

- Comprender qué tipo de visitante –o acción realizada por el mismo– es cualificada y valiosa para nuestra empresa. En este sentido nos movemos en dos variables que pueden encontrarse más o menos potenciadas en función del visitante y de su estado mental: si el visitante se ajusta en mayor o menor medida a nuestro cliente potencial ideal, y si el visitante está interesado en nuestro producto o no.

- Definir correctamente cuál es nuestro MQL, es decir, qué visitantes deben ser calificados como MQL y cuáles no. Para ello deberemos establecer con precisión qué comportamientos los identifican como tales asociando los mismos a una evolución en la forma de solución de su necesidad y a una potencial conversión posterior.

- Implementar de forma acertada los puntos asociados a cada una de estas actuaciones. De la misma manera que cada individuo es diferente del resto, su comportamiento tampoco sigue patrones estrictos para demostrar que ha cambiado de situación en nuestro embudo. Por esta razón se asocia a cada comportamiento que resulta indiciario de su cambio una puntuación que, al ser sumada con el resto, nos ayuda a catalogarlo de manera correcta.

74 Hubspot puede ser, sin lugar a dudas, una de las empresas que más ha estudiado este tipo de relaciones empresa/cliente. Existe una cantidad ingente de información al respecto, entre la que encontramos las recomendaciones expuestas desarrolladas con más detenimiento en el siguiente post: https://blog.hubspot.com/blog/tabid/6307/bid/33711/the–steps–you–need–to–define–the–stages–of–your–sales–marketing–funnel.aspx

- Establecer correctamente cada una de las fases de nuestro embudo. Evidentemente, si requerimos de análisis tan precisos en puntos anteriores debe ser porque sabemos, con toda la precisión posible, qué fases mentales atraviesa un visitante antes de convertirse en cliente.

A.2 ALINEACIÓN DEL DPTO. COMERCIAL CON EL DE MARKETING ONLINE

Este apéndice puede parecer una perogrullada, pero resulta increíble que muchas empresas no hayan sabido compaginar estos dos departamentos de manera eficaz. En realidad, muchas compañías ni siquiera se han planteado la posibilidad de hacerlo, algo que no solo no tiene sentido sino que, además, aboca la consecución de éxitos en el mero ensayo y error, con la ineficiencia y pérdida de dinero que ello conlleva.

En este punto vamos a ver las sinergias mínimas que deben aprovecharse entre ambos departamentos durante el tiempo que se desarrolla la estrategia de marketing online como en su ejecución. Si nuestra empresa tiene un departamento comercial no podemos dejar pasar la ocasión para aprovecharlo.

A.2.1 Validar perfiles

El departamento comercial suele tener un histórico real sobre nuestros clientes potenciales mucho más amplio que el disponible por el de marketing online. En este sentido este departamento conoce de primera mano cuáles son nuestros clientes potenciales y, probablemente, ya los tenga segmentados de manera eficiente.

En el ámbito del marketing online y del posicionamiento web uno de los puntos clave es establecer qué perfiles genéricos de clientes existen –conocidos en este campo como "buyers persona"–, siendo el departamento comercial una fuente de información de primera mano para validar, por lo menos de manera preliminar, las conclusiones a las que lleguemos.

"Un "Buyer persona" es una representación de nuestro cliente potencial. Identificarlo con claridad, sus necesidades, su contexto –familiar, de trabajo, etc.– y el resto de características que conforman su vida es indispensable para dirigirnos a él correctamente dentro del ámbito online."

Además, el departamento comercial tiene una ventaja de la que no dispone prácticamente ninguna otra faceta de la empresa: se ha tenido que enfrentar con los clientes en el día a día. Esta batalla continua no solo les enseña a vender mejor –una visión un tanto arcaica–, sino también a conocer las necesidades reales de nuestros clientes y de cómo los productos o servicios que vendemos se las cubren.

A pesar de que dentro del marketing online el enfoque tiene ciertas diferencias relacionadas, principalmente, con el posicionamiento web, hay que reconocer que es una base de partida sólida para construir una estrategia fuerte y duradera.

A.2.2 Contenido de calidad

Siguiendo el punto anterior, este contacto directo nos puede ayudar a conocer qué problemática se le plantea al cliente potencial en cada una de las fases del embudo de ventas. Saberla nos dirige a la hora de evaluar el contenido más adecuado para potenciar nuestras palabras clave, para elegir nuestras palabras clave "long tail" y, entre otras muchas cosas, para desarrollar las "landing pages" que más se adapten a cada uno de los perfiles.

Por supuesto todo ello se tendrá que filtrar para optimizar nuestras acciones en función de los objetivos propuestos, pero es una buena manera de dar ideas de gran calidad y cercanas a los clientes reales.

A.2.3 Optimizar el embudo de ventas

El departamento comercial se ha tenido que enfrentar, con total seguridad, a la necesidad de lograr que el proceso de venta sea lo más corto posible. Esto es necesario porque cuanto más reduzcamos el proceso por el que el cliente potencial se convierte en cliente menos inversión deberemos realizar.

Lo mismo sucede con el embudo de ventas en el ámbito online: cuanto más corto sea mejor. Es cierto que la mayoría de acciones encaminadas a reducir este tiempo en el canal de ventas tradicional puede no ser aplicable en el online, pero no lo es menos que muchas sí que lo son. Al final la mayoría se concentran en transmitir la información de manera eficaz y comprensible a nuestros clientes potenciales, algo que suele ser universal independientemente del canal.

A.2.4 Definir los visitantes cualificados

¿Qué es un visitante cualificado? ¿Cuándo catalogamos a un visitante de nuestra web como un cliente verdaderamente potencial? ¿Qué acciones debe realizar en la página para que debamos tratarlo como tal?

El departamento comercial no solo ha dedicado parte de su tiempo a segmentar la población para abarcarla correctamente, sino que también ha tenido que llevar a cabo una reflexión para evitar perder el tiempo en personas que, o bien no están todavía en una situación adecuada para tomar la decisión y pasar a ser clientes, o bien directamente no lo van a ser nunca.

Esta información puede ser muy valiosa a la hora de establecer qué acciones debe realizar un visitante para aumentar su puntuación como "Lead cualificado".

A.2.5 Definir las métricas

En el ámbito del marketing online y del posicionamiento web disponemos de una cantidad ingente de métricas que nos pueden ayudar a evaluar el éxito en la implementación de nuestra estrategia. El departamento comercial es un aliado muy valioso a la hora de saber cuáles son las que utilizan para evaluar sus propias estrategias, siendo generalmente fácil traducirlas al ámbito online.

A.2.6 Alinearse para tratar con homogeneidad

Cuando un visitante está en la fase final en la que decide ser un cliente o no se le debe tratar con especial cuidado. En este punto, y dependiendo de varios factores, una empresa debe decidir entre dos opciones:

- Que el cliente potencial sea contactado y se efectúe el cierre a través del departamento comercial. Esto es habitual en casos de bienes o servicios con una plusvalía elevada que permite realizar esta inversión.
- Que la empresa siga utilizando el canal online para realizar el cierre.

Salvando las opciones intermedias entre las dos expuestas y que no son más que todas las variantes que se nos puedan ocurrir, queda claro que en ambas es necesario que exista una alineación que permita, bien dar un servicio homogéneo –caso de que la empresa siga utilizando el canal online hasta la conversión–, bien que el traspaso del "Lead" se realice de forma fluida entre ambos departamentos. Debemos ser conscientes de la importancia de que un cliente potencial no perciba un cambio ni en el trato recibido ni en las expectativas que se le han transmitido en relación a cómo se va a solucionar su problema o cubrir su necesidad.

Se trata de un punto muy delicado en el que la falta de homogeneidad y de comunicación interdepartamental pueden ser causa de la pérdida del cliente potencial.

A.3 ¿QUÉ ES EL SEM?

El SEM –siglas de Search Engine Marketing– es aquel posicionamiento que obtenemos invirtiendo dinero. Se refiere a aquellos anuncios que cada plataforma de búsqueda nos permite publicar dentro de unos límites y con una serie de herramientas –de segmentación, de *remarketing*, etc.– a cambio de un importe.

Las principales diferencias con el SEO las podemos resumir en las siguientes:

- El SEM permite ajustar de manera mucho más pormenorizada la audiencia sobre la que se muestra. El SEO es más abierto ya que, aunque podemos intentar focalizarnos en un segmento concreto –por medio de las palabras clave que potenciamos, la elección de la zona geográfica en Search Console, etc.– es mucho menos efectivo en este sentido. Si un usuario busca un término en el que estamos posicionados nos encontrará, independientemente de que esa persona no sea nuestro público objetivo o que no se encuentre exactamente en la zona que abarcamos comercialmente.

- El SEM tiene una inversión directa y fácilmente medible. Cuando decidimos publicar un anuncio sabremos con bastante precisión cuánto nos va a costar, y podremos poner un límite de manera rápida y completamente ajustada. Además, las métricas son muy sencillas, ya que sabemos con exactitud qué conversiones corresponden a nuestra inversión. En el SEO no es sencillo aislar qué visitas a nuestra web provienen gracias a las acciones que realizamos porque, si bien es fácil medir el crecimiento o tendencia –y en este sentido se está avanzando a pasos agigantados– de visitas de nuestra web, no es tan sencillo el cálculo del ROI para saber si debemos seguir invirtiendo en esa vía o no. Un buen profesional te guiará de forma transparente en este sentido, pero es fácil encontrar empresas que "venden humo" y que te van a mostrar los resultados que le interesan para seguir contando contigo como cliente.

- La inversión en SEM es temporal, es decir, si decidimos dejar de realizarla los resultados se detendrán en ese mismo instante. Parar un anuncio tiene como consecuencia directa que se deja de publicar y, por tanto, de generar coste. En el SEO toda la inversión que realicemos, aunque la detengamos, seguirá dando beneficios en los meses –y, en ocasiones, años– siguientes. Por esta razón, a la hora de calcular el ROI del SEO deberemos capitalizar al momento actual todas las visitas futuras –tal y como se hace en economía con una hipoteca o préstamo–, para poder valorarlo en su justa medida cuando se toma la decisión.

- El SEO es muy complejo en términos generales ya que, conforme pasa el tiempo, todos los buscadores están implementado medidas que evitan los trucos y trampas. Además, todos estos cambios en sus algoritmos son confidenciales, por lo que el profesional que se dedique a ello debe estar en formación constante. En el SEM, por el contrario, la documentación es muy extensa y ajustada a la realidad, por lo que las acciones son mucho más precisas y la ejecución de las ideas más simple.
- El SEM es más barato a corto plazo debido a los resultados que se obtienen con rapidez, pero mucho más caro a largo plazo.

Tal y como hacemos con cualquier inversión, a la hora de invertir en SEM deberemos estudiar el ROI y saber si el precio por clic es menor al beneficio obtenido por él –incluídos los costes indirectos–. Si esto es así lo más adecuado es aumentar la inversión hasta el máximo de clientes potenciales que podamos absorber. Si nuestra estructura nos permite escalar con facilidad la producción del producto o servicio esta inversión deberá tender al infinito, ya que estaremos recibiendo más de lo que invertimos.

CONCLUSIONES

El SEO es una disciplina que, como sucede con otras que requieren de alta especialización, abarca muchos apartados. Además, se trata de un campo que afecta a muchos ámbitos de la empresa y sobre ella se deben tomar decisiones básicas de la misma, propias de la Dirección Estratégica. Por si esto fuera poco, muchas de las acciones deben plasmarse en documentos que en su mayor parte nada tienen que ver con el Márketing, como puede el Manual de Operaciones.

Por esta razón no es un tema que deba preocupar exclusivamente al departamento de Márketing y en el que cuanta más conciencia a nivel directivo exista, más coherentes serán las decisiones tomadas en la materia.

Por otro lado la externalización del SEO es una opción viable y, en parte, recomendable debido al ahorro de costes y a la cualificación de los trabajadores. Aun así, y quizá más en estos casos, las personas con capacidad de decisión deben conocer de qué va el asunto ya que, en caso contrario, no sabremos con certeza el servicio que estamos contratando. Además, como la empresa encargada deberá ponerse en contacto con otros proveedores e, incluso, con otros departamentos internos, será necesario facilitar la comunicación con la misma.

Este manual tiene como finalidad cumplir dos objetivos; organizar la información para llevar a cabo el SEO por parte de pequeños empresarios que así lo deseen, y proporcionarles los conocimientos mínimos suficientes para saber cómo negociar y lo que esperar de los proveedores de este tipo de servicios.

Espero haber cumplido estas expectativas y animo a las personas con capacidad de decisión a que valoren en su justa medida un campo en el que el tiempo es crucial y del que, en mayor o menor medida, dependerán todas las empresas en un futuro cercano.

GLOSARIO

- ***AMP (Accelerated Mobile Pages):*** de las siglas en inglés de "páginas móviles aceleradas", es un proyecto de código abierto que tiene como objetivo lograr un estándar de páginas web rápidas y eficaces en entornos móviles. Es un proyecto liderado por Google, buscador que premia en posicionamiento a aquellas páginas que lo cumplen.
- ***Anchor text:*** es el texto visible de un link. Se utiliza por los buscadores para obtener más información del mismo, por lo que se ha utilizado tradicionalmente para potenciar palabras clave. A pesar de ello en la actualidad no es conveniente publicar los links con un Anchor text que induzca a pensar que nos encontramos haciendo esquemas de enlaces debido a la posibilidad de que se penalice el posicionamiento de la página.
- ***Autoridad de dominio:*** métrica que mide la importancia de una página web en su totalidad con respecto a otras en términos de referencias. La autoridad de dominio aumenta cuanto mayor sea la cantidad de backlinks "follow" de calidad que le apunten.
- ***Autoridad de página:*** se rige por los mismos principios que la autoridad de dominio, pero enfocados a una página concreta dentro de una web.
- ***Backlink:*** es un link alojado en una página web de terceros y que apunta a la nuestra.
- ***Body (de la página web):*** Es el cuerpo de la página, donde se transmite la información de cada una de ellas. Es distinto en cada página de la web ya que, en caso de duplicar contenido, estaremos siendo penalizados.

- ***Búsqueda orgánica:*** en el ámbito de los buscadores web como Google, búsqueda realizada por medio de palabras clave y que devuelve resultados –links a páginas web– en función del interés que el buscador considera que tienen para esas palabras concretas. Cuando se habla de búsqueda orgánica no se consideran los resultados devueltos por anuncios.

- ***Canonical (etiqueta):*** etiqueta que indica a los buscadores qué página, de entre un conjunto de ellas con contenido similar o duplicado, es la principal y a la que deben dirigir a los visitantes.

- ***Captcha:*** prueba automática que debe superar un usuario para demostrar, en una página web, que es un humano y no un robot.

- ***CMS:*** proviene, en inglés, de las siglas de "Sistema de gestión de contenido". Se trata de un programa que se instala en nuestro servidor y que nos permite, en el caso de las páginas web, crear y gestionar el contenido con facilidad. Muchos de ellos, como en el caso de Wordpress, ayudan a cumplir los estándares básicos exigidos en la actualidad para las páginas web.

- ***CPC:*** proviene de las siglas "coste por clic". En el ámbito del SEM se refiere al importe pagado por cada clic obtenido en un anuncio.

- ***CTR:*** proviene de las siglas en inglés de "ratio de clic" –Click Through Ratio–. Se refiere al porcentaje de clics por impresión de un link –por cada vez que aparece en pantalla–. Se puede aplicar tanto a anuncios –número de clics por cada vez que el anuncio se desencadena– como a búsquedas orgánicas –número de clics por cada vez que una búsqueda hace que nuestra página aparezca en los resultados–. Es una métrica importante, ya que un CTR elevado puede hacer que el posicionamiento mejore al entender el buscador que se trata de un resultado interesante. En el ámbito del SEO se puede supervisar por medio de la herramienta "Google Search Console".

- ***Deep Learning –aprendizaje profundo–:*** Se refiere a la consecuencia de aplicar programas informáticos para lograr una información más completa del comportamiento de los usuarios. Su objetivo es extraer información que supere la meramente descriptiva entendiendo motivaciones, necesidades y otro tipo de datos similares siendo estos más abstractos que los tradicionales. Esto permite, por ejemplo, traducir palabras en conceptos o intenciones.

- ***DNS:*** sistema de nombres de dominio que permite asociar una dirección IP –por ejemplo de un hosting– a un conjunto de letras.

- ***Dominio (de Internet):*** nombre inteligible por el ser humano que identifica una web. Para que funcione debe existir una base de datos que asocie el mismo con la dirección IP –en la actualidad a través del sistema DNS–.

- ***Email Marketing:*** marketing online centrado en obtener leads a través del canal del correo electrónico.

- ***Employee Branding:*** imagen de marca transmitida por los trabajadores de una empresa.

- ***Engagement:*** capacidad de una comunicación –o empresa– de generar una respuesta positiva en su público potencial. Si nos referimos a una sola comunicación, esta respuesta puede medirse con métricas como las veces que se ha compartido en las redes sociales o el número de comentarios positivos que despierta. Si nos referimos a una empresa o marca se asocia con la imagen positiva que el cliente potencial tiene de la misma y que desemboca en una relación duradera.

- ***Esquemas de enlaces:*** conocido en inglés como “Link Schemes”, se refiere a todas aquellas acciones encaminadas a obtener backlinks sin el atributo “nofollow” de manera artificial. Es necesario tener cuidado en este aspecto ya que Google prohíbe expresamente cualquier acción que tenga como finalidad la manipulación del Page Rank, por lo que comprar enlaces, disponer de links en páginas web controladas por el mismo administrador u otras acciones similares pueden ser penalizadas.

- ***Follow y nofollow (backlinks):*** Es una información contenida en el link que informa a los buscadores sobre el tipo de página a la que están apuntando. En una situación ideal, un link “follow” apunta a otra página con información que ha sido referencia para el desarrollo de nuestro contenido, mientras que un link “nofollow” indica que no cumple esta característica. En términos de SEO, un backlink “follow” nos otorga más autoridad de dominio.

- ***Footer (de la página web):*** Es la parte inferior de la página web. Además de los tradicionales menús, en esta zona se suele facilitar el contacto, información técnica de la página y links a páginas con aspectos legales. Suele ser el mismo en todas las páginas de la web.

- ***Funnel de ventas (Embudo de ventas):*** En el ámbito online representación gráfica de las fases que pasa un visitante hasta convertirse en cliente. Tiene forma de embudo debido a que, conforme se baja en el proceso hasta la conversión y si tenemos en cuenta que el área de cada una de las fases representa a un conjunto de población, la cantidad de individuos disminuye.

- ***Google Adwords:*** herramienta de Google para gestionar los anuncios publicados en páginas controladas por esta empresa. Incluye, entre otros, la gestión de anuncios en búsquedas por palabras clave, anuncios display, etc.
- ***Google Analytics:*** herramienta gratuita de Google que nos permite analizar el comportamiento de los visitantes de una página web.
- ***Google Search Console:*** herramienta gratuita de Google que nos permite supervisar la presencia de una página web en los resultados orgánicos de dicho buscador. Nos ayuda, a su vez, a detectar y corregir errores que pueden dañar la experiencia del usuario y, por ende, el posicionamiento orgánico.
- ***Header (de la página web):*** Encabezado o zona superior de la página web. Es la zona donde suele estar el logo, el menú superior de navegación, los botones de redes sociales –que vamos a tratar un poco más adelante–, etc. Suele ser el mismo en todas las páginas de la web.
- ***Hosting:*** es el sistema que permite almacenar información accesible desde la web. A efectos prácticos se trata del lugar virtual donde se aloja la página y el resto de información para que sea accesible vía web. Junto con el dominio son los dos requisitos básicos para poder tener una página online.
- ***HTTP:*** protocolo de transferencia de hipertexto utilizado por las páginas web.
- ***HTTPS:*** protocolo basado en HTTP –el más extendido en la actualidad–, con la diferencia de que utiliza un cifrado especial para garantizar que la información transmitida no pueda ser utilizada por un potencial atacante que la haya conseguido interceptar.
- ***Lead:*** Acción realizada por un visitante en nuestra página controlada por la empresa que resulta valiosa desde un punto de vista económico. Es recomendable que los Leads se puedan valorar o, por lo menos, equiparar en términos monetarios, con la finalidad de calcular el ROI de una inversión determinada. También se utiliza para referirse a usuarios con valor.
- ***Linkbuilding:*** se refiere a todas aquellas acciones encaminadas a obtener backlinks con la intención de que mejore la autoridad del dominio. Si el linkbuilding está organizado de manera sistemática y artificial nos encontramos con esquemas de enlaces, lo cual está perseguido y penalizado por los buscadores como Google.
- ***Llamada a la acción (CTA por sus siglas en inglés):*** Palabra o conjunto de palabras que incitan a realizar una acción. Se puede utilizar cuando se habla de anuncios online –por ejemplo: "Si pulsa ahora obtendrá un descuento"–, a apartados en

correos electrónicos corporativos –por ejemplo: “Obtén tu cupón aquí”– y, en general, a cualquier comunicación con los clientes o usuarios potenciales.

- ***Metadatos:*** información sobre partes de la página que no se muestran públicamente, sino que se encuentra dentro del código para ayudar a los buscadores. A diferencia de lo que sucedía en el pasado, actualmente no sirven para mejorar el posicionamiento de manera directa, pero pueden ser de utilidad en ámbitos que también están relacionados como la descripción que aparece en la búsqueda orgánica, etc.
- ***MQL (Marketing Qualified Lead):*** En el ámbito online se refiere a un visitante cuyo comportamiento le permite ser catalogado como un cliente potencial al mostrar un interés general sobre los productos o servicios facilitados. El siguiente paso en el proceso mental de un visitante dentro de un túnel habitual dentro de una empresa sería el SQL –Sales Qualified Lead–, que se refiere a aquellos que muestran un interés más específico sobre el producto o servicio y cómo este puede resolver su necesidad particular y concreta.
- ***Mockup:*** en términos de diseño, se refiere a un boceto a escala real que permite obtener feedback antes de desarrollar el modelo final. No tiene por qué abarcar ningún tipo de funcionalidad. En páginas web se refiere al mockup a un esquema estático de la página con la intención de evaluar su utilidad y aspecto antes de su desarrollo.
- ***Open Source –código abierto–:*** software cuyo código fuente es de libre acceso y modificable por cualquier usuario sin ningún tipo de restricción de licencia. No debemos confundir un software de código abierto con uno gratuito ya que, aunque el primero siempre se puede obtener gratis por su propia naturaleza, el segundo no tiene por qué ser Open Source. Algunos proyectos muy famosos de código abierto son el navegador Firefox, el CMS Wordpress y el sistema operativo GNU/Linux.
- ***PageRank:*** aunque no es el único, se conoce con este nombre al algoritmo desarrollado por Google para posicionar las páginas web en su buscador en función de diversos factores. Este algoritmo no es público, por lo que no es posible saber exactamente qué factores y en qué medida afectan al posicionamiento orgánico.
- ***Palabra clave –keyword–:*** palabras que utilizan los usuarios para obtener respuestas en los buscadores.
- ***Palabra clave ‘Long tail’:*** tipos de palabras clave que, por ser más específicas, limitan el número de respuestas. Son utilizadas en el posicionamiento web para

centrar ciertos contenidos a búsquedas concretas que tienen una competencia menor.

- ***Palabra clave secundaria:*** tipo de palabra clave que describe la temática general de la web, está presente en general en todos los contenidos y que, por su naturaleza de genérica, suele estar muy competida.

- ***Rebote (porcentaje):*** indica qué tasa de personas aterrizan en una página desde un dominio ajeno –por ejemplo desde un buscador– y no visitan ninguna más dentro del mismo dominio. En la práctica, y simplificando, mide qué porcentaje de personas entran y vuelven a salir sin consultar nada más. Junto con el tiempo que pasa un visitante en la página, es un ratio importante para determinar hasta qué punto es interesante la web en su conjunto ya que indica si han querido seguir navegando en esa web.

- ***Remarketing:*** segmentación realizada en el marketing online utilizando información del comportamiento de los clientes potenciales con páginas que son de nuestra propiedad. Un caso de remarketing es aumentar la puja de un anuncio para aquellos clientes que ya han visitado anteriormente nuestra página web.

- ***Responsive (en el ámbito del diseño de una web):*** desarrollo web por medio de estructuras que se adaptan a cada resolución de pantalla permitiendo que su visualización sea correcta independientemente del terminal desde la que se consulte.

- ***ROI –retorno de la inversión–:*** ratio que mide la cantidad generada –retorno– en relación con la inversión realizada. Se calcula dividiendo el beneficio –descontando todos los costes de la inversión– entre la inversión total. Si el resultado es del 2% significará que, en esa inversión, estamos obteniendo dos unidades monetarias por cada una invertida.

- ***RSS (suscripciones):*** sistema de suscripción que permite enviar y recibir contenidos nuevos y actualizaciones de los ya existentes sin necesidad del uso de navegadores web.

- ***SEO:*** de las siglas en inglés "Search Engine Optimization" es un concepto que se refiere a la disciplina dedicada al posicionamiento orgánico en los buscadores. Es decir, a mejorar la posición de una página web dentro de los resultados no patrocinados de los motores de búsquedas para determinadas palabras clave.

- ***Stakeholders –grupos de interés–:*** personas o grupos de personas que pueden afectar a nuestra empresa por tener interés en la misma. Son grupos de interés los clientes, los trabajadores, los proveedores, etc.

- ***Sitemap:*** pequeño archivo alojado en la web donde se informa a los buscadores de todas las páginas de las que se desea facilitar la indexación, así como la estructura existente y otro tipo de información útil para los mismos.

- ***Texto alt (texto alternativo en imágenes):*** es el texto que aparece en caso de que la imagen no se termine de cargar, o aquel en el que se fijan los dispositivos de ayuda –lectores para personas con visión reducida, etc.–. Debe recoger una descripción de aquello que muestra la imagen, no siendo recomendable utilizarlo para repetir las palabras clave.

- ***TOFU, MOFU, BOFU:*** En el contexto del túnel de ventas se refiere a cada una de las fases que atraviesa un visitante hasta convertirse en cliente, y que corresponden, respectivamente, a la atracción, conversión y cierre.

- ***UI, UX, IxD:*** siglas que se refieren a distintos diseños de experiencia entre los usuarios y una aplicación. El diseño de experiencia de interfaz –UI– es aquel enfocado a la parte visual de la aplicación y a las sensaciones que esta transmite durante su uso. Se encarga de dar coherencia a toda la experiencia con la aplicación, haciendo que no haya diferencias visuales distintas entre las distintas partes de la misma. El diseño de experiencia de usuario –UX– está enfocado a optimizar la relación entre el usuario con la aplicación desde un punto de vista técnico. Por último, el diseño de interacción –IxD– es aquel encargado de optimizar la manera en la que el usuario realiza las acciones dentro de la app. Los tres tipos de disciplinas no realizan la misma función, aunque deben estar alineadas para lograr los mejores resultados.

- ***URL:*** dirección completa a una página web. Incluye el dominio –que apunta a la web en su conjunto– junto con otro conjunto de caracteres –subdominio, host, carpeta, etc.– que completan la dirección para apuntar a un contenido concreto dentro del mismo.

Made in the USA
Columbia, SC
18 July 2021

42032912R00102